U0475553

偶像的黄昏

[德]弗里德里希·尼采 著
王一力 王涌 译

上海文化出版社
SHANGHAI CULTURE PUBLISHING HOUSE

果麦文化 出品

目录

前言

面对一件沉重、责任无比重大的事情，还能保持心情爽朗，这是一种技艺，而且是一种非同小可的技艺：是啊，生活中还有什么比心情开朗更重要呢？没有忘我的情绪，必将一事无成。拥有满溢之力，才是力量的证明。——重估一切价值，这个问题如此沉重、如此可怕，它投下一道阴影，笼罩在发问者身上——这件事成为他命里注定之事，驱使他每时每刻奔向太阳，为的是抖落这命运带有的沉重感，太过于沉重。为此，什么手段都可以，每一个“事件”都是好事，尤其是战斗。就那些过于内倾、过于深沉的心灵而言，战斗向来是一种伟大的智慧，即便受伤，痊愈的力量也内蕴其中。有句格言，长期以来一直是我的座右铭，至于出处就不透露给渊博的好奇心了。

受伤激发生机，伤口提升力量。

还有一种痊愈方式，特定情况下更合我意，那就是探听偶像底细……这世界上，偶像多过现实：这是我看这个世界的“毒眼”，也是我听这个世界的“毒耳”……这里我用锤子提问，或许会听到那著名的沉沉之音在回答，来自鼓胀的五脏六腑——对于耳后有“耳”的人来说，这是何等令人狂喜——在我这个老心理学家和捕鼠人面前，恰是那些本想保持沉默的东西，必须发出声响……

这本书——如标题所示——首先是一次康复疗养、一处阳光明媚之地，是迈向一位心理学家的闲散漫游，或许也是一场新的战斗？这是要去探清新偶像的底细吗？……这本小书是一场伟大的宣战；所谓探清偶像底细，指的并非某时代的偶像，而是永恒的偶像，本书用锤子如同音叉一般敲击着这些偶像——绝没有更古老、更可信、更加膨胀的偶像了……也没有更空洞的……但这并不妨碍它们是最受信奉的；尤其在涉及至尊无比的问题时，人们根本不称之为偶像……

都林，1888 年 9 月 30 日

《重估一切价值》第一卷完稿之日

尼采

格言与箭

1

闲散是全部心理学的源起。什么？那么心理学是一种——恶习？

2

即便我们中的最勇敢者，也少有勇气，去面对他本来知道的事物……

3

要想独自生存，必须是动物或神——亚里士多德说。但还有第三种情况：必须同时是两者——哲学家……

4

“一切真理都是单纯的。”——这难道不是一个双重的谎言？

5

有许多事，我永远不想知道。——智慧也为知识划定界限。

6

野性能令人最好地从其反常状态——精神性——中复原……

7

什么？人只是上帝的一个失误？或者上帝是人的一个失误？

8

来自生活这所军事学校。——那些没能杀死我的，使我更加强大。

9

你自助，然后人人助你。博爱的原则。

10

面对自己的行为不要怯懦！不要事后对自己所为弃之不顾！——良知的谴责是不体面的。

11

一头驴是否会是悲剧性的呢？——在既担不起也无法摆脱的重负之下走向毁灭？……哲学家的状况。

12

如果你知悉为何生活的理由，那么你就能应对几乎一切关于如何生活的问题。——人并不追求幸福，只有英国人这么做。

13

男人创造了女人——用什么呢？用来自他的上帝的一根肋骨——他的“理想”……

14

什么？你在寻求？你想使自己增长十倍、百倍？你在寻找追随者？——去寻找零吧！

15

为后世而存在的人——例如我本人——较之于合时宜者，更难得到理解，但却更容易被听到。严格来讲：我们将永远不被理解——我们的权威也正由此而来……

16

在女人中间。——“真理？哦，您不了解真理！它难道不是对我们所有廉耻（pudeurs）的一种谋杀吗？”

17

这是一位我喜欢的艺术家，他的需求很简单：他真正想要的只有两样东西，他的面包和他的艺术——panem et Circen（面包和喀耳刻[1]）……

18

如果一个人不知道如何将其意志置入事物，至少也会把一种意义置入其中：这使他相信一种意志已经存在于事物中了（“信仰”的原则）。

19

怎么？你们选择了德性和高尚的胸襟，却还要同时斜眼窥视肆无忌惮者获取的好处吗？——可是，一个人选择了德性，就要放弃“好处”……（写在一个反犹主义者的正门上。）

1 双关语，原型为panem et circenses。“面包和马戏团”一语出自古罗马诗人尤维纳利斯（Juvenalls）的《讽刺诗》，其中指出罗马民众不再关心政治参与权，只关心温饱（面包）与娱乐（马戏）。喀耳刻（Circe），古希腊神话中的巫术女神，她善于运用魔药，并经常以此使她的敌人以及反抗她的人变成怪物。

20

一个完满的女性从事文学，就如同从事一桩小罪行：如同一个实验，不经意地环顾四周，是否有人注意到，确保有人注意到……

21

严格来说，置身喧闹的、剔除虚假道德之地，宛如在钢丝绳上行走，要么坠落，要么站立——或者逃离……

22

“恶人无歌。”——为什么俄国人有歌？

23

“德意志的精神”，过去的十八年以来都是一个语词矛盾[1]（contradictio in adjecto）。

---

1 语词矛盾，即名词和修饰它的形容词之间互不兼容。——编者注。本书中未特殊说明的注释均为译者注。

24

追寻起源使人成为螃蟹。历史学家朝后看；最终，他的信念也会朝后看。

25

心满意足甚至可以使人免受风寒，一位自知盛装打扮的女性可曾会感冒？——我假定的情况是，她几乎一丝不挂。

26

我怀疑所有建立体系者，对他们退避三舍。追求体系的意志，是诚实的匮乏。

27

人们认为女人深不可测——为什么？因为对于她们，人们从未寻根问底。女人甚至也未曾浅薄过。

28

如果一个女人有男性化的美德，就足以让你从她身边逃走；如果她没有男性化的美德，她自己也会逃走。

29

“良知曾经啃噬多少东西，有着多么出色的牙齿！——今天呢？它缺了什么？”——一名牙医问。

30

很少有人只有一次轻率的行为。对于第一次，人们做得总是太多。正是因为这个原因，人们通常还会再犯一次——而这一次，人们做得太少……

31

虫子被踩到后会蜷缩起来。这是明智的。它因此降低了再次被踩的可能性。用道德的语言来说就是：谦卑。

32

有一种对撒谎和伪装的憎恨，来自敏锐的荣誉感；还有一种这样的憎恨，来自懦弱，因为撒谎被神圣戒律所禁止。过于懦弱而不敢撒谎……

33

幸福所需的东西多么微少！一支风笛的声音。——缺少了音乐，生活将是一个谬误。德国人认为，即便上帝也在唱歌。[1]

34

人只有在坐着的时候才能思考和写作。[2]——古斯塔夫·福楼拜

我抓住你了，虚无主义者！久坐恰恰是对圣灵[3]的亵渎。只有通过行走得来的思想才有价值。

35

有些情况下，我们这些心理学家，会像马一样焦躁不安，

---

1 《德意志祖国》是恩斯特·莫里茨·阿恩特（Ernst Moritz Arndt，1769—1860）于1813年写作的一首诗，其中写道："只要德意志的语言响起 / 就向天堂里的上帝唱起它的歌。"但德语中"上帝"可以是第三格或第一格，这句诗也可以被幽默地误解为"同天堂的上帝唱歌"（und Gott im Himmel Lieder singt）。

2 原句为"On ne peut penser et écrire qu'assis"，参见莫泊桑为《福楼拜致乔治桑的信》所写的前言，巴黎，1884，第3页。

3 "圣灵"的直译为"神圣精神"。原文Geist具有"精神"的含义，黑格尔认为精神正是一种不断运动、不断自我展开的存在，或与行走的动态性相契合。——编者注

因为我们看到自己的影子在面前上下晃动。心理学家们必须把目光从自身移开，才能真正看到东西。

36

我们这些非道德主义者是否损害了道德？——如同非政府主义者对君主们造成的损害一样少。只有遭遇枪击后，君主们才重新稳坐在宝座上。道德——人们必须枪击道德。

37

你跑在前面？——你这样做是作为牧羊人，还是作为一个例外？第三种情况是作为逃亡者……第一个良知问题。

38

你是真实的，还是只是一名演员？你是代表者，还是被代表者？——最终，你也许只是一名冒牌演员……第二个良知问题。

39

失望者的话语。——我寻找伟人，但我找到的都只是他们理想的猴子。

40

你是旁观者，还是参与者？——或者是转移目光、退避一旁者？……第三个良知问题。

41

你想结伴同行，或是前方先行，还是自己独行？……人们得明白自己想要什么，并且是真的想要。第四个良知问题。

42

这些曾经是我的阶梯，我拾级而上——因此我必须从它们上面越过。可它们却以为，我要在它们身上坐下休息……

43

我是正确的，那又何妨！我有太多事情是正确的[1]。——今

1 尼采在德文表达中使用了双关语。也可以从字面上理解为：“如果我保留了权利，那又有什么关系！我有太多的权利。”（Was liegt daran, dass ich Recht behalte! Ich habe zu viel Recht.）

天谁笑得最好，谁就会笑到最后。

44

我的幸福公式：一个“是”，一个“否”，一条直线，一个目标……

苏格拉底的问题

1

古往今来最为睿智的人都对生命做出了同样的判断：它毫无价值……无论何时何地，我们都会听到从他们口中发出同样的声音——充满怀疑，充满忧郁，充满对生命的厌倦，充满对生命的敌意。甚至苏格拉底在临死时也说："活着，这意味着长年生病。我欠医药神阿斯克勒庇俄斯（Asclepius）一只公鸡。[1]"即便苏格拉底也对生活感到厌倦。——这证明了什么？这指向什么？在过去，人们会说（——哦，人们已经说了，而且说得足够响亮，尤其是我们的悲观主义者！）："无论如何，这里一定有一些真知灼见！智者的共识（consensus

1　阿斯克勒庇俄斯是医学之神。引号内的第一句话是尼采对苏格拉底遗言的解读，第二句话来自柏拉图在《斐多篇》中记载的苏格拉底遗言。

sapientium）证明了真理。”——今天我们还会这样说吗？我们还可以这样做吗？“无论如何，这里一定有什么病了”——这就是我们的回答：这些古往今来最智慧的人，人们应该先从近处观察他们！他们是否都变得腿脚不稳了？落伍了？摇摇欲坠了？颓废了？智慧也许像一只乌鸦出现在地球上，一点腐肉的气味便使它兴奋不已……

2

这些伟大智者属于衰败的类型。恰是在无知的和博学的谬见最为强烈地拒斥这种说法的时候，我脑海里首次冒出了这种不敬的想法：我认为苏格拉底和柏拉图是衰败的征兆，是希腊解体的工具，是伪希腊，是反希腊的（《悲剧的诞生》，1872）。所谓智者的共识（consensus sapientium）——我对此领会得越来越好——完全不能证明，他们达成一致的事情是正确的。相反，这表明他们自己，这些最聪明的人，在生理上有某种程度的一致，所以他们对生命采取了同样的否定立场——而且不得不采取这种立场。判断，对生命价值的判断，赞成或反对，归根结底都不可能是真实的；它们只具有作为征兆的价值，它们只能被视为征兆——就自身而言，这些判断是愚蠢的。人们必须伸出手，努力把握这个令人震惊的绝妙真理，即生命的价值不能被估计。活着的人不能，因为他们是当事人，事实上，他们是诉讼的对象，而不是法官；死者也不能，出于另一个原因。因此，如果一个哲学家把生命的价值看作问题，我们就有理由反对他，给他的智慧打上问号，认为他是缺乏智慧的。——怎么？所有伟大的智者，难道他们不仅是颓废者，甚至也未曾拥有智慧？——我还是回到苏格拉底的问题上。

3

就出身而言，苏格拉底属于最底层的民众：苏格拉底是下等人。人们知道，也可以看到，他是多么丑陋。丑陋本身就是一种异议，这在希腊人那里几乎是进行批驳的一个论据。苏格拉底究竟是希腊人吗？那时丑陋往往是杂交的表现，表示发育受到了杂交带来的阻碍。换个角度看，它似乎是一种衰败的进程。犯罪侦查学家中的人类学者告诉我们，典型的罪犯是丑陋的：容貌上是怪物，精神上也是怪物（Monstrum in fronte, monstrum in animo）。但罪犯是一个颓废者。苏格拉底是典型的罪犯吗？——无论如何，这不会与那位著名观相学家的判断相矛盾，尽管这个判断对苏格拉底的朋友们来说十分刺耳。一位善于看相的外国人经过雅典时，当面对着苏格拉底说，他是个怪物——他体内隐藏了所有的恶习和欲望。而苏格拉底仅仅回答："您了解我，先生！"[1]

4

苏格拉底的颓废，不仅表现在他公认的粗野和混乱无序的本能上，还体现在逻辑的过度发展，以及他身上特有的佝偻病人的"恶毒"上。我们不要忘记那些听力上的幻觉，在宗教方面，这些幻觉被解释为"苏格拉底的精灵"。在他身上，一切都是夸张的、滑稽的、讽刺画般的；同时，一切又是隐蔽的、晦暗的、秘密的。我试图去领会苏格拉底的等式——理性=德性=幸福——源自哪种特异体质，这是一个最古怪的等式，尤其是它同古希腊人的全部本能相违背。

5

随着苏格拉底的出现，希腊人的品位发生了改变，转而支持辩证法。到底发生了什么？首先，高贵的品位被打败了；

1　关于苏格拉底和相士的故事，尼采参考了西塞罗的《汇辩集》。在西塞罗的记载中，苏格拉底回应道："恶习是他与生俱来的。"

有了辩证法，乌合之众占据了上风。在苏格拉底之前，辩证法在良好社会中遭到抵制：它们被视为不良举止，有失体面。人们告诫年轻人不要这样做。所有以这种方式陈述理由的人，都是受到质疑的。体面的事物，就像体面的人一样，不会这样炫耀他们的理由。摊出全部底牌是不恰当的。凡是必须先自证的东西，都没有什么价值。在任何地方，权威仍然被认为是好的形式，因此，一个人不会“给出理由”，而是给出命令。辩证学家是一种小丑：人们嘲笑他，不把他当回事。无论何处，只要权威还被视作良好的风俗，只要人们无需“论证”，而是发号施令，辩证者就是一种遭到嘲笑的丑角，人们不会严肃看待他。——苏格拉底是一个让人严肃看待的丑角，这里究竟发生了什么？

6

一个人只有在别无他法时，才选择辩证法。众所周知，它会导致不信任，也缺少说服力。没有什么比辩证法的效果更容易被抹去的了，但凡亲历过集会演说的人，都可以证明这点。它只能是那些手中没有任何其他武器之人的自卫手段。一个人必须力争自己的权利，否则也不会诉诸辩证法。这就是为什么犹太人是辩证法专家，列那狐也是。什么？难道苏格拉底也是?

7

——苏格拉底的讽刺是在行使反抗吗?它体现着庶民的怨恨吗?作为被压迫者,他是否品味到了其三段论刀刃上的凶残?他是否在向被他迷住的高贵者复仇?——作为一个辩证学家,他手握一件无情的工具;他可以用它扮演暴君,通过获得胜利,使对方出丑。辩证学家把证明自己不是白痴的责任放在对手身上:他激怒了对手,同时也使对手瘫痪。辩证学家削弱了对手的理智。——什么? 辩证法只是苏格拉底的一种复仇形式?

8

我已经说明,苏格拉底为何令人厌恶。现在更有必要的是,解释一下他的魅力所在。——他发明了一种新的竞赛,比赛中,他是雅典贵族圈子里第一位击剑大师,这是一方面。他因激发出希腊人的战斗本能而令人着迷——他在年轻的男人和青少年的角斗中引入了一种变体。苏格拉底也是一位情色大师。

9

但苏格拉底揣摩出的事情更多。他看透了高贵的雅典人。他领会到，他的情况、他的特异体质，已经不是什么例外。同样的衰退正在各地悄悄映现，古老的雅典即将消失。苏格拉底明白，全世界都需要他，他的手段、他的治疗方法、他那自我保存的个人诀窍……在任何地方，本能都会陷入混乱；在任何地方，人们离纵欲仅有咫尺之遥：精神的怪物（monstrum in animo）是普遍存在的威胁。“欲望想要扮演暴君，我们必须发明一个更强大的反暴君”……当那位相士向苏格拉底揭露，说他是一个充满了所有邪恶欲望的渊薮时，这位伟大的讽刺家还说了一句话，为我们提供了理解他的钥匙。“那是真的，”他说，“但我成了这一切的主人。”[1] 苏格拉底如何成了自己的主人？——归根到底，他只是一个最触目的极端案例，在当时普遍存在的困境中，没有人是自己的主人，各种本能相互对抗。作为极端案例，他令人着迷——他那可怕的丑陋袒露在众人面前；他作为一个答案，作为一个解决方案，作为一种治愈的假象，显然更加令人着迷。

1　苏格拉底“声称他已经用理性把他的恶习赶出去了”。西塞罗，《汇辩集》。

10

当人们认为有必要像苏格拉底那样，把理性变成暴君时，那么其他事物扮演暴君的危险也一定不小。当时，理性被认为是拯救者；无论苏格拉底，还是他的“病人们”，都并非自由选择而成为理性者的——它是强制的（de rigueur），是最后的手段。整个希腊的思维都投向理性，这种狂热透露了一种困境：他们处于危险之中，他们必须做出这一选择——要么毁灭，要么投身于荒谬的理性……从柏拉图开始，希腊哲学家们的道德主义是一种病态的产物；同样，他们对辩证法的推崇也是如此。理性 = 德性 = 幸福，仅仅意味着我们必须效仿苏格拉底，制造一种永恒的日光——理性的日光，来对抗晦暗的欲望。我们必须不惜一切代价地理智、清醒、明晰：对本能和无意识的任何让步，都会导致沉沦……

11

我已经说明了苏格拉底的魅力所在：他似乎是一位医生，一位救世主。他相信“不惜一切代价的理性”，有必要继续指出其中的谬误吗？——哲学家和道德家认为，通过与颓废宣战，可以脱离颓废，这是一种自欺欺人。他们无法避免颓废，因为他们选择的救赎手段本身只是颓废的另一种表达方式——他们改变了颓废的表达方式，他们没有消除颓废本身。苏格拉底是一个误解；所有劝善的道德，包括基督教的道德，都是一个误解……最耀眼的日光，不惜一切代价的理性，清晰、冷酷、谨慎、自觉、消除本能、抵制本能的生命，这一切都只是一种疾病，是另一种样式的疾病——根本不是回到所谓的“美德”“健康”和幸福的途径……不得不与本能斗争——这是颓废的公式，只要生命在上升，幸福就等同于本能。

12

这个所有自欺者中最聪明的一个，他自己是否领会了这一点？在勇敢赴死的智慧里，他最后是否告诉了自己这一点？……苏格拉底想赴死——不是雅典人，而是他自己端起毒酒杯，是他迫使雅典人给他毒酒杯……“苏格拉底不是医生，”他低声自语，“死亡是这里唯一的医生……苏格拉底自己只是染病已久……”

哲学中的“理性”

1

您问我，哲学家有什么特异之处？……例如，他们缺乏历史意识，憎恨“生成”这一概念，推崇埃及主义。当他们把一件事物去历史化，从永恒的视角出发（sub specie aeterni）把它做成一具木乃伊时，他们自以为在向这一事物致敬。几千年来，哲学家们所处理的一切，都是概念的木乃伊；没有任何真实的东西能活着逃出他们之手。他们崇拜的物，都遭他们杀戮，被制成标本，这些把概念当作偶像的先生们——他们崇拜之物，都面临生命危险。对他们来说，死亡、变化和年岁，如同繁殖和生长，是障碍——甚至是一种驳斥。存在的不生成，生成的不存在……现在，他们都相信，甚至拼命地相信存在者。但是，由于无法抓住它，他们便寻找它被隐瞒的原因。“这里一定有一种幻象，一种骗局，以至于我们无法感知存在者。骗子藏在哪里？”——“我们已经找到他了！”他们高兴地喊道，“是感性！这些感官，一向都是不道德的，欺骗了我们对真实世界的认识。道德：把自己从感官的欺骗中解放出来，从生成、历史、谎言中解放出来——历史不过是对感官的信仰，对谎言的信仰。道德：对一切迷信感官的东西说不，对所有其余人类说不，所有这些都只是‘大众’。做哲学家吧，做木乃伊吧，用掘墓人的姿态，去描述单一的有神论（Monotono-Theismus）！——最重要的是，摆脱肉身这个可悲的对感官的执念（idée fixe）！它承载着世间所有的逻辑错误，是被反驳的，甚至是不可能的，尽管它还有胆量摆出真实的架势！”……

2

我怀着崇高的敬意，把赫拉克利特的名字与众人分开。其他哲学家拒绝感官见证，因为它们显示了丰富和变化，而赫拉克利特拒绝感官见证，是因为它们呈现事物的方式，让事物显得似乎持久而统一。可是，赫拉克利特对待感官也不公正。感官既不按照埃利亚学派相信的方式说谎，也不以赫拉克利特相信的方式说谎——它们根本不说谎。我们用它们的证词制造出的东西，才引入了谎言，例如，统一的谎言、物性、实体、持存的谎言……“理性”是导致我们篡改感官证言的根源。只要感官显示生成、消失和变化，它们就没有说谎……不过，赫拉克利特在这一点上永远是正确的，即存在是一个空洞的虚构。“假象世界”是唯一的世界：“真实世界”只是谎言的编造……

3

——我们的感官是多么精巧的观察工具啊！例如鼻子，没有一个哲学家以钦佩和感激之情谈论过它，这可是我们迄今所掌握的最精巧的工具：它可以记录运动中的最小差异，就连分束镜都无法做到。我们的科学今天达到的程度，恰恰体现了我们决定接受感官之明证的程度——学会磨砺它们，武装它们，并透彻地思考它们。其余的都是怪胎和“尚且不是”的科学：形而上学、神学、心理学、认识论。或者是形式科学，是符号的理论，比如逻辑学，还有数学这种应用逻辑学。在这些形式科学中，真实性根本不曾现身，甚至没有作为一个问题出现；而这样一种符号协定，比如逻辑究竟有何价值，这一点同样没有作为问题出现。

4

哲学家们的另一个特异之处也同样危险：这就是混淆始末。他们把最后出现的东西——可惜！因为它根本就不应该出现！——把“最高概念”，也就是最普遍的、最空洞的概念，现实蒸发的最后一缕雾气，作为开端放置在前面。这也只是他们崇拜某物的表达方式：不允许高级的东西从低级的东西中生长出来，根本不允许生长……教诲就是：一切第一等级的东西都必须是自因（causa sui）。源于其他事物就是一种异议，就会令人对其价值产生怀疑。所有最高的价值都是第一等级的，所有最高的概念，存在者、绝对者、善、真理、完满——这一切都不可能是生成的，因此必须是自因。但这一切不能彼此不同，也不能自相矛盾……由此他们有了那惊人的概念——“上帝”……那最末的、最稀薄的、最空洞的被假定为第一，作为自因，作为最真实的存在（ens realissimum）。人类曾经不得不认真对待那些病态的织网者的脑疾！——人类为此已经付出了沉重的代价！……

5

——最后，让我们来回答，我们用哪些不同的方式（——我出于礼貌说我们……）看待谬误和假象。过去，人们把变化、转换和生成，全部作为幻觉的证明，作为某种把我们引入歧途的东西存在的标志。今天，我们反而看到，正是理性的偏见在逼迫我们，去设定统一性、同一性、持存、实体、起因、物性和存在，我们被谬误所纠缠，被迫陷入谬误；基于严格的自我反省，我们确信无疑，谬误就在于此。这同天体的运动别无两样：就天体运动来说，谬误有我们的眼睛做它持久的辩护人，而在此处，它的辩护人则是我们的语言。就起源而言，语言属于心理学最原始形式的时代：当我们意识到语言形而上学的基本前提，也就是理性时，我们便成为一种粗俗的拜物生灵。我们看到到处都是行动和行动者，我们相信意志就是普遍的原因，相信"我"，相信"我"是存在，相信"我"是实体，并把"我是实体"的信念投射到万物之上——借此才创造出"物"这一概念……存在到处被设想、被替换为原因；从"我"这一构想出发，才衍生出"存在"的概念……一开始就存在着一个巨大而致命的谬误，即认为意志是某种有效力的东西——意志是一种能力……今天我们知道，它只不过是一个单词……

很久以后，在一个更加开明千百倍的世界里，哲学家们惊愕地意识到理性范畴运用中的可靠性、主观确定性：他们得出结论，这些范畴不可能来自经验——毕竟，所有的经验都与它们相矛盾。它们究竟从何而来？在印度和在希腊一样，人们犯了相同的错误："我们一定曾经处在一个更高的世界里（而不是在一个更低的世界里，这也许才是真理！），我们一定曾经是神圣的，因为我们有理性！”事实上，到目前为止，没有什么比“存在”的谬误更有质朴的说服力了，正如埃利亚学派所述：我们所说的每个词，每个句子，都为这谬误所有！甚至埃利亚学派的反对者，也受到了他们那“存在”概念的诱惑：德谟克利特就是其中之一，他发明了原子……语言中的“理性”：哦，一个多么具有欺骗性的老妪！我担心，我们不能摆脱上帝，因为我们还相信语法……

6

人们将感激我，倘若我把这样一个根本的、新颖的见解浓缩为四个命题。这样，我就变得更易理解，我也以此向异议发出挑战。

第一个定律。把“这个”世界解释为假象的理由，反而证明了它的实在性——另一种实在性是绝对不可证实的。

第二个定律。人们赋予事物“真实存在”的标志，是非存在、虚无的标志。所谓“真实世界”，是通过与实际世界相矛盾而构建的，这个“真实世界”其实才是一个假象世界，因为它只是道德和视觉的假象。

第三个定律。只要我们体内诽谤、贬低和怀疑生命的本能还不强大，把“另一个”世界编造成这个世界的做法就毫无意义。否则，我们就是在用一种“另外的”“更好的”生命幻觉报复生命。

第四个定律。将世界分为“真实的”和“假象的”，无论是基督教的方式，还是康德（终究是一个狡猾的基督徒）的方式，都只是由颓废激发的举动——生命衰退的症状……艺术家重视假象而非现实，但这一点并不违背该定律。因为“假象”在这里意味着又一次的现实，只不过是以一种选择、强化、修正的形式……悲剧艺术家不是悲观主义者——他们对一切有疑问的和可怕的事物本身说“是”，他们是狄俄尼索斯的……

“真实的世界”如何最终成了寓言

一个谬误的历史

1. 真实的世界，智慧者、虔诚者、有德性者是可以到达的——他们生活在其中，他们就是这个世界。

（该观念的最古老形式，比较明智、简单、有说服力。这句话的改写形式：“我，柏拉图，是真理。”）

2. 真实的世界，目前还无法到达，但应许给智慧者、虔诚者、有德性者（“给忏悔的罪人”）。

（理念的进步：它变得更精致、更棘手、更难以把握——它变成了女人，变成了基督教的……）

3. 真实的世界，无法达到，无法证明，也无法许诺，但即使只能想象，也是一种安慰、一项义务、一个命令。

（本质上是古老的太阳，但被迷雾和怀疑遮盖；这个理念变得崇高、苍白，北方的、哥尼斯堡式的[1]。）

4. 真实的世界——无法到达？并且无论如何，都尚未到达。如果它是未到达的，它也是未知的。因此，它也不能安慰、拯救或规定义务；未知的东西能让我们承担什么义务？……

（灰白的黎明。理性的第一个哈欠。实证主义的雄鸡啼鸣。）

5.“真实的世界”——一个不再有任何用处的观念，甚至不再使人承担义务；一个无用的、变得多余的理念，因此是一个被驳斥的理念。让我们废除它！

［天明，早餐，健全的理智（bon sens）和快乐的回归，柏拉图羞愧得面红耳赤，所有自由精神大声喧哗。］

1　这里影射康德，他一生都生活在波罗的海的哥尼斯堡。对康德来说，我们不可能知道“物自体”——包括上帝、自由意志和不朽的灵魂；然而，理性的道德迫使我们“假设”这些事物。

6. 我们已经废除了真实的世界，剩下的是什么世界？也许是那个假象的世界？……但是，不！连同那真实的世界，我们也废除了假象的世界！

（正午，阴影最短的时刻，最长久的谬误终结，人类的顶峰，这里开始了查拉图斯特拉。）

作为反自然的道德

1

所有激情都有这样一个时期，那是它们用愚蠢的重力将受害者拖垮的时期，那时它们仅仅是灾难性的。而较长一段时间之后，它们会与精神联姻，使自己“精神化”。从前，由于激情中的愚蠢，人们向激情本身开战：人们密谋摧毁它——所有古老的道德怪物在这一点上都是一致的，“激情必须被杀死”（il faut tuer les passions）。对此最著名的表达形式出现在《新约》中，在“登山宝训”里，顺便说一下，在其中事物绝不是从高处被观察的。例如，在涉及性问题时那里有言：“若是你的右眼引诱你犯罪，就剜出来丢掉。”[1]幸运的是，没有基督徒按照这个指令行事。消灭激情和欲望，仅仅是为了防范

---

1 《马太福音》（5:29）。

其愚蠢及其愚蠢的不快后果。在我们今天看来，这本身就是一种严重的愚蠢。我们不再赞叹那些牙医，倘若他们以拔掉牙齿的方式医治牙痛……但另一方面，我们也应该公正地承认，在基督教成长的土壤上，“将激情精神化”这一概念根本无法出现。众所周知，最早的教会为了支持那些“精神贫困者”，而与“有才智者”作战[1]。人们怎么能指望教会对激情发动一场明智的战争呢？教会以彻底的切除来反对激情：它的策略，它的“疗法”是阉割。它从不问：“如何将欲望精神化、美化和神圣化？”——它一直将纪律的核心放在实施根除上（根除感性、骄傲、统治欲、贪欲、复仇欲）。然而从根源上拔除激情意味着从根源上拔除生命：教会的做法是敌视生命的……

2

阉割、铲除这样的手段，是那些人在与欲望作战时的本能选择，他们意志太薄弱、太堕落，无法自行克制欲望，他们需要苦修会，用比喻的话讲（不过并不是比喻），需要一种最终的敌对声明，一条间隔他们自己和激情的鸿沟。这些极端手段只对退化者来说是不可或缺的；薄弱的意志，或者更确切地

1　“精神贫困者有福了，因为天国是他们的。”《马太福音》（5:3）。

说，没有能力不对刺激作出反应，这本身就是退化的另一种形式。针对感性的极端敌意和势不两立，是一个值得思考的征兆：人们可以据此推测这样一种极端者的整体状态。此外，只有在天性不再有足够耐力，甚至无法接受极端的治疗，无法拒绝他们的“魔鬼”时，那种敌意、那种仇恨才会到达顶峰。回顾整个教士、哲学家以及艺术家的历史：反对感官的最恶毒的话语，不是出自阳痿者，也不是来自禁欲主义者，而是来自无能于禁欲之人，来自那些需要成为禁欲主义者的人……

3

感性的精神化被称为爱，这是针对基督教的一个伟大胜利。另一个胜利是我们对敌意的精神化。其内容是，人们深刻领会拥有敌人的价值：简而言之，它是一种行动和推论的方式，这与人们过去的做法相反。在每个时代，教会都希望消灭它的敌人；而我们，我们这些不道德者和敌基督者，在教会的持续存在中看到我们的优势……在政治领域，敌意现在也变得更加精神化——变得更明智、更审慎、更宽容。几乎每一个政党都明白，它们的自我保存和利益都依赖于反对党的力量不衰；这也适用于大政治，特别是一个新的创造物，比如一个新帝国，需要敌人胜过需要朋友。只有在对立中，它才感到自己是必要的，只有在对立中，它才变得必要……对于“内心的敌人”，我们的行为也没有什么不同：在这里，我们也将敌意精神化了，在这里，我们也意识到了它的价值。只有在丰富的对立中，一个人才能多产；只有在灵魂不松懈、不贪图和平的条件下，一个人才能永葆青春……没有什么比以前那种追求“灵魂平和”的愿望——基督教的愿望，更让我们感到陌生了；没有什么比道德母牛和心安理得的优渥幸福，更不让我们嫉妒了。当一个人放弃战争时，他已经放弃了伟大的生命……

当然，在许多情况下，“灵魂平和”只是一种误解，是某种他物，不知道如何用一个更贴切的名字来称呼自己。不绕弯子、不加偏见地举几个例子。例如，“灵魂平和”可以是一种丰富的动物性进入道德（或宗教）领域的柔和射线。或者是疲劳的开始，是夜晚，任何一个夜晚，投下的第一道阴影。或者是空气潮湿的迹象，预示南风即将来临。或者是无意识地对良好消化系统的谢意（有时称为“博爱”）。或者是康复期病人的日益平静，他重新品尝万物，他正在等待……或者是我们那占支配地位的激情得到了强烈满足，随后而来的状态，即一种罕见的饱足的舒适感。或者是我们的意志、我们的欲望，我们的恶习变得衰老。或者是懒惰，被虚荣心说服，把自己打扮成道德的样子。或者是在经历了由不确定性导致的漫长的紧张和折磨之后，某个确定性的到来，哪怕是一个骇人的确定性。或者是在行动、创造、工作、意愿中表现出的成熟和高超技能，平缓的呼吸，业已达到的“意志的自由”……偶像的黄昏：谁知道呢？也许只是一种“灵魂的平和”……

4

我把一个原则置入公式中。道德中的所有自然主义，也就是说，每种健康的道德，都受生命的本能支配——生命中的任何一种戒律被“应该”和“不应该”的特定法则所充填，生命道路上的任何一种限制和敌意也因此被清除。相反，反自然的道德，也就是几乎每一种迄今为止被倡导、被尊重、被宣扬的道德，恰恰反对生命的本能——它是对这些本能的时而隐蔽、时而响亮的狂妄的谴责。通过说“你们的心，神知道”，它对生命的最低和最高欲望说不，并把上帝当作生命的敌人……上帝所喜悦的圣人，是理想的阉人……生命结束在“上帝的国度”开始之处……

5

人们已经领悟到，这种反抗生命的行为是悖逆天理的，而这种反抗在基督教道德中几乎已变得神圣不可侵犯，幸运的是，人们也领悟到其他东西——这种反抗的无用、虚幻、荒谬和欺骗性。来自生者一方的对生命的谴责，归根结底只是标示出了某种生命类型；至于这种谴责是正义的还是不正义的，这一问题尚未出现。人们必须站在生命之外的立场，还必须了解生命，像经历过生命的个人、众人、所有人一样，才可以触及生命的价值问题。这些理由足以让我们明白，对我们来说，这个问题是不可企及的。当我们谈论生命价值的时候，我们是在生命的启发下，在生命的视角下谈论的。生命本身迫使我们设定价值，如果我们设定评价，是生命本身通过我们进行评价……由此可见，即使是道德上的反自然，道德把上帝视作生命的对立面和对生命的谴责，同样只是生命的一种价值判断。什么生命？哪种类型的生命？然而我已经作答：是那个衰败的、虚弱的、疲惫的、被谴责的生命。迄今为止，道德一直被理解为——正如最近被叔本华表述为“对生命意志的否定”——是颓废本能的自身，它把自己变成一道命令。它说：“毁灭吧！”——这是被判刑者做出的判决……

6

最后，让我们衡量一下，说“人类应当是如此这般和如此那般”，是多么天真！现实向我们展示了一个令人迷醉的种种类型的宝库，有着挥霍、丰富的形式和变化。而一些可怜的道德学家文中的游手好闲者，对这一切说，“不！人类应该是别样的”？……他甚至知道，人类应该怎样，这个虚伪的可怜虫，他把自己画在墙上，宣布：“瞧这个人！”……但是，即便道德学家只面向一个人说“你应该如此这般或那般”，他始终在把自己弄得滑稽可笑。个人是命运的一部分，向前向后都如此，对于一切即将到来之事和将要成为之事，这更是一条法则，一种必然性。对一个人说“改变你自己”，意味着要求一切都应该改变，甚至要向后追溯……真的有一些彻底的道德学家，他们希望人类变得不同，也就是有德性，他们希望人类效仿自己的形象，即成为伪君子。为此，他们对世界说不！这可不是轻微的疯狂！不是狂妄的谦逊形式！……道德，只要它根据自身的理由进行谴责，而不是从生命的角度、理由和目标出发，就是一种特别的谬误，人们不应该对它表示同情，它就是一种退化的特异体质，它已经造成了难以言喻的灾祸！……相比之下，我们这些另类，我们这些非道德主义者，对各种形式的理解、领悟、认可都敞开心扉。我们不轻易否定，作为肯定者，我们在其中寻求我们的荣誉。我们越来越大地张开眼睛，看到那种经济学。这种经济学需要也懂得如何利用事物，即一切被牧师的神圣疯狂、病态理性所拒绝之物。那种生命法则中的经济学甚至从那些可憎的物种，即伪君子、牧师、有德性者身上也汲取其利益。什么利益？——正是我们自身，我们这些非道德主义者，便是这里的答案……

四大谬误

1

混淆因果的谬误。没有什么错误比混淆原因与结果更危险了，我称之为理性的真正腐败。然而，这种谬误是人类最古老并且时下依然盛行的习俗之一。我们甚至将其奉为神圣，冠以“宗教”和“道德”之名。宗教和道德制定的每一个声明，都包含着这一谬误，教士和道德立法者是理性腐败的始作俑者。我举一个例子。人人都知道著名的柯尔纳罗的书，他在书中宣传他的节食法，作为长寿、幸福——以及有德性——的生活的处方。[1]很少有书籍被如此广泛地阅读；直到今天，它在英国每年都被印制成千上万册。我毫不怀疑，几乎没有任何

1　柯尔纳罗（Lodovico Cornaro, 1467—1566）所著的《论有节制的生活》（*Discorsi della vita sobria*, 1558），尼采有该书的德文译本。

一本书（《圣经》除外，这是公平合理的）像这善意的怪物那样，曾造成这么多祸害，缩短了那么多的生命。其原因是：混淆了结果和原因。这位可敬的意大利人从饮食中看到了他长寿的原因，而事实上，他长寿的先决条件，即新陈代谢异常缓慢，能量消耗低，才是他吝啬饮食的原因。他不能自由地少吃或者多吃，他的节俭不是“自由意志”，如果他吃得多，他就会生病。但如果一个人不是鲤鱼，那么适当地吃东西不仅有好处，而且是必要的。我们这个时代的学者，由于神经能量的快速消耗，如果他们遵循柯尔纳罗的养生之道，会毁了自己。请相信专家（Crede experto）。

2

每种宗教和道德的基础，有一个最为普遍的公式：“做这样或那样的事，不要做这样或那样的事——这将使你幸福！否则……”每种道德、每种宗教都是这样的命令——我把这命令称为理性的巨大原罪，不朽的非理性。在我的口中，这个公式变成了它的反面——我的“重估一切价值”的第一个例子：一位发育良好的人，一位“幸运者”，必须采取某些行为，并本能地远离其他行为；他把生理上展现的有序性，导入他与人和物的关系中。用公式说：他的德性是他幸福之结果……长寿和多子多孙，不是德性的回报；相反，德性本身就是那种缓慢的新陈代谢。除此之外，长寿、多子多孙，总之，柯尔纳罗主义是这种放缓的结果。教会和道德说：“一个种族、一个民族会由于罪恶和奢侈而毁灭。”我那重构的理性说：当一个民族正在灭亡，生理上正在退化时，恶习和奢侈就由此产生（也就是说，需要愈加强烈、愈加频繁的刺激，就像每个疲惫的生灵所熟悉的那样）。一个年轻人过早地变得苍白、憔悴。他的朋友们说：这归咎于这样那样的疾病。而我说：他生病的事实，他无法抵抗疾病这一事实，已经是生命衰退造成的后果，是一种遗传性的衰竭。一位报纸读者说：这个政党犯了这样的错误，正在毁灭自己。而我的更高的政治自觉却说：一个犯如此错误的政党，已经穷途末路了——它不再拥有确定的本能。每一个错误，在任何意义上，都是本能衰退、意志消解的后果，这实际上是对坏的定义。一切好的事物都是本能——因此是容易的、必要的、自由的。艰辛是一种抗议，神与英雄在类型上有别（用我的话说：脚步轻盈是神性的第一属性）。

3

错误的因果关系的谬误。任何时代，人们都相信自己知道何为原因。但我们的知识，或者更确切地说，我们对自己拥有知识的信念，是从哪里来的？来自著名的“内在事实”，可迄今为止，这些事实没有一个得到确证。我们相信，在意愿行为中，我们自己就是原因；我们认为，至少在这里我们当场捕捉到了因果关系。同样，人们从未怀疑，一个行为的所有前因（antecedentia），它的原因，都可以在意识中找到，只要我们寻找，就可以在那里发现它们——作为“动机”；否则，行为者就并非自由地采取行动，也无需对它负责。最后，谁会否认，思想总是有原因的？是“自我”导致了思想？……在三个似乎能证明因果关系的“内在事实”中，第一个也是最有说服力的是意志作为原因；意识概念作为原因，以及后来“自我”这一概念（“主体”）作为原因，只是在因果关系被意志确立为给定的存在、确立为一个经验事实之后，才出现……在此期间，我们对这一点有了更好的认识。今天，我们不再相信上述的任何一句话了。这个“内心世界”充满了幻象和磷火：意志就是其中之一。意志不再推动任何东西，所以它也不再解释任何东西——它仅仅伴随着事件，甚至可以缺席。所谓“动机”：另一个谬误，只是意识的一个表面现象，是行为的附属品，它掩盖了行为的前因，而并非表现行为。至于“自我”，这已经成为一个寓言，一种虚构，一种语言游戏，它已经完全彻底停止了思考、感觉和意愿！……结果是什么？根本不存在任何精神性的原因！一切支持原因的所谓经验，都见鬼去吧！这就是结果！——我们巧妙地滥用了“经验”，随后我们创造了一个世界，一个原因的世界、意志的世界、精神的世界。最古老和最悠久的心理学在这里发挥作用，这就是它所做的一切：对它来说，一切发生之事都是一种行为，一切行为都是一种意志的结果；对它来说，世界变成了众多的行为者，发生的一切被归咎于行为者（“主体”）。人类从自身投射出他们坚信不疑的三个“内在事实”——意志、精神、自我，首先从自我概念中得出存在的概念，再按照自己的形象，按照作为原因的自我概念，把“物”设定为存在者。难怪人类后来在事物中不断重新发现的，只是他们投入其中的东西！事物本身，再说一遍，物的概念，只是“自我是原因”这一信念的反射罢了。甚至你们的原子，我尊敬的机械论者和物理学家，你们的原子里还残留着多少谬误，多少不健全的心理学！更不用说“物自体”——形而上学家可怕的耻辱（horrendum pudendum）了！精神作为原因之谬误与现实相混淆！被设定为衡量现实的尺度！被称为上帝！

4

幻想原因的谬误。从梦境开始，例如，由于远处的炮声而产生一种特殊的感觉，事后被追加了一个原因（往往是一整部小说，其中的主角正是那位做梦者）。同时，这种感觉延续下去，以一种回声的方式，它仿佛在等待，直到寻找原因的冲动使它走到前景——不再是一个偶然，而是作为“意义”。炮声以一种因果关系的方式出现，时间仿佛在倒流。后来发生之事，即动机说明，却被首先体验到，往往有一百个细节像闪电般飞驰而过，炮声随后而来……发生了什么？某种状态产生的表象，被误解为这种状态的原因。事实上，我们在清醒的时候也会做同样的事情。我们大多数的一般感觉——器官之间的作用和反作用，由此产生的抑制、压力、紧张和爆发，特别是交感神经系统的状态——都会激起我们寻找原因的冲动：我们希望有一个理由，为何我们处于这样或那样的状态，坏的或好的状态。对我们来说，仅仅确定我们处于这样或那样的状态这一简单的事实是远远不够的，只有在我们赋予它某种动机说明时，我们才会承认这一事实，会意识到它。在这种情况下，记忆会在我们不知不觉中发挥作用，唤起早期的同类状态，以及根植于这些状态的因果解释，但不是其因果关系。当然，记忆也会唤起这样的信念，表象即伴随产生的意识过程就是原因。这样一来，就出现了对某种原因解释的习惯，这实际上阻碍甚至排除了对原因的探究。

5

对此的心理学解释。将陌生之物追溯到熟悉之物上，可以使我们轻松、平静、满足，此外还可以提供一种权力感。陌生之物带来危险、不安和焦虑，而我们的第一直觉是，要消除这些痛苦的状况。第一个原则：有解释总比没有好。因为从根本上说，我们只想把自己从压迫性的表象中解脱出来，所以我们并不严格对待解脱的方式，把陌生之物解释为熟悉之物的第一个表象是如此有益，以至于人们把它“当作真理”。快感（“力量”）的证明被作为真理的标准，因此，寻找原因的冲动，是由恐惧感决定和激发的。“为什么？”这一问题，只要可能，就并不太为了原因本身而给出原因，而是提供一种原因的类型——令人宽慰、解脱、放松的原因。熟悉之物，已经历过的事物，作为原因被写入记忆中的事物，是这种需求的第一个结果。新的、未经历过的和陌生的事物不被接受为原因。——因此，我们不是仅仅寻找某种解释作为原因，而是挑选、偏爱某一种类型的解释，借助这类解释，尽可能快速、频繁地消除陌生的、新的和未经历过的感觉——而这也是最惯常的解释。结果是：一种原因的设定变得越来越普遍，集结成一个系统，并最终成为主导，也就是说，完全排除了其他的原因和解释——银行家立刻想到“生意”，基督徒立刻想到“罪孽”，姑娘立刻想到她的爱情。

6

道德和宗教的全部领域，都属于这种虚幻的原因概念范围——对于令人不快的一般感觉的“解释”。这些感觉是由与我们敌对的存在引起的（邪恶的精灵：最有名的案例——把歇斯底里的人误认作女巫）。这些感觉由不被认可的行为引起（身体的不适被强加上“罪孽”感和“邪恶”感——人们总能找到对自己不满的理由）。这种感觉是惩罚，是对我们不应做之事、不应存在之状态的清偿（被叔本华无耻地概括为一个命题，在其中道德呈现出它本来的面目，是一种真正毒害和蔑视生命之物：“每一种巨大的痛苦，无论是肉体的，还是精神的，都代表了我们应得之物；因为，如果我们不应得，那么它就不会降临到我们身上。”[1]）

这种感觉是一种后果，由不假思索、招致恶果的行动引起（情绪、感官被假定为原因，被视作“有罪的”；借助于其他危机，生理危机被解读为“应得的”）——对愉快的一般感觉的“解释”。这些感觉源于对上帝的信任，源于我们对善行的认识（所谓“无愧良知”，是一种生理状况，有时看起来很

1　参见叔本华所著的《作为意志和表象的世界》，II，4，§ 46。

像良好的消化，以至于会与之混淆）。这些感觉是由于行为成功实施所导致的（——一种天真的谬论：一个行为的成功实施不会给一个疑病症患者或一位帕斯卡[1]创造任何愉快的一般感觉）。这些感觉是由信、爱、望——基督教的德性造成的。[2]事实上，一切这些臆想的解释都是后续的状态，是把快乐或不快乐的感觉翻译成一种错误的方言：一个人处于希望的状态，因为生理的基本感觉再次变得强大和丰富；一个人相信上帝，因为充实和强大的感觉给他带来安宁。道德和宗教完全属于错误的心理学：在每一个案例中，我们都混淆了原因与结果，混淆了真理与信以为真之物的效果，或者是混淆了意识状态与这种状态的因果关系。

7

自由意志的谬误。如今，我们不再同情"自由意志"概念，我们太清楚它是什么——神学家所有伎俩中最令人不齿的一种，旨在使人类在神学家的意义上"承担责任"，也就是说，使人类依赖于他们……在这里，我仅展示所有使人类

1　帕斯卡（Blaise Pascal，1623—1662），法国宗教哲学家、数学家和物理学家。

2　参见《哥林多前书》（13:13）："如今常存的有信，有望，有爱，这三样，其中最大的是爱。"

承担责任的心理学。无论在何处寻求责任，往往都是意欲惩罚和处决的本能在起作用。当某种这样或那样的存在状态，被追溯到意志、意图和承担责任的行为时，人们已经将生成这种状态的清白无辜抹去：意志学说基本上是出于惩罚目的而被发明出来的，也就是说，出于想要认定人们有罪的意愿。一切古老的心理学，即意志心理学，都是以这样一个事实为前提，它的始作俑者，即位于古代社会顶端的祭司们，想要为自己创造一种实施惩罚的权力——或者想要为上帝创造一种实施惩罚的权力……人类被认为是“自由的”，以便可以被处决、被惩罚——可以成为有罪的人。因此，一切行为都必须被认为是有意的，一切行为的起源都被设想为存在于意识中（——由此心理学中最根本的弄虚作假，被设定为心理学的原则本身……）。今天，我们开始向相反的方向运转，我们这些非道德主义者正全力以赴，要把罪与罚的概念从世界中重新清除出去，把心理学、历史、自然、社会制度和制裁中的罪与罚的概念清除干净。在我们眼中，没有比神学家更为激进的反对力量了，他们继续通过“道德的世界秩序”概念，用“惩罚”和“罪责”来玷污生成的无辜（die Unschuld des Werdens）。基督教是一种刽子手的形而上学……

8

唯有什么才能成为我们的学说？——没有人能赋予人类以品质，上帝不能，社会不能，他的父母和祖先也不能，他自己也不能（——这里所反对的最后一个荒谬的观念，被称作“思维的自由”，已经被康德，或许也被柏拉图传授过）。一个人就这样存在，拥有这样或那样的本性，处在如此的状况下、如此的环境中，没人为此负责。人本质的宿命性，不能与所有过去和未来的宿命性分开。他不是一个特殊的意图、意志、目的的结果；不是被用来达到“人类的理想”“幸福的理想”或“道德的理想”的尝试——想把人的本质推脱给某个目的，这种做法是荒谬的。我们发明了“目的”这个概念：现实中，目的是缺席的……人是必然，人是厄运的一部分，人属于整体，人在整体之中——没有什么可以判处、衡量、比较、谴责我们自身的存在，因为这将意味着判处、衡量、比较、谴责整体……然而在整体之外，没有任何东西！没有人再被赋予责任，存在方式不能再被归诸第一因（causa prima），世界不再是感觉或“精神”的统一体，这才是伟大的解放——只有这样，才能恢复生成的无辜。迄今为止，“上帝”这一概念是针对存在的最大异议……我们否认上帝，我们也否认上帝带来的责任：借此我们才能拯救世界。

人类的“改善者”

1

我对哲学家的要求是众所周知的：要站到善恶的彼岸——要超越道德判断的幻象。这一要求来自我首次提出的一个见解：根本不存在道德事实。道德判断与宗教判断有一个共同点：它们相信的是不真实的现实。道德只是对某些现象的一种解读，更准确地说，是一种误读。道德判断，就像宗教判断一样，属于无知的阶段，在这个阶段，真实的概念、真实与想象的区别，尚且是不存在的，所以在这个阶段，“真理”描述的是种种我们如今称之为“想象”的东西。因此，永远不能按照字面理解道德判断：从字面上看，它们总是只包含谬论。但它们在符号学上具有非凡的价值：至少对于那些知情者而言，它揭示了文化和内心世界中最有价值的现实，这些文化和内心世界过去不懂得“理解”自己。道德只是一种符号语言，只是一种症状学：你必须首先了解它是什么，才能从中获取利益。

2

暂且举一个例子。在所有时代，人们总是想“改善”人类：这首先被称为道德。但在这同一个词之下，隐藏着完全不同的倾向。驯化人类的兽性和培育特定的人类物种，都被称为“改善”：只有这种动物学术语才能表达现实——当然，典型的“改善者”，即教士，对此一无所知，并且宁愿不知道……把驯服动物称为“改善”，在我们听来几乎是个笑话。任何了解动物园情况的人，都会怀疑动物是否真的在那里得到了“改善”。野兽变得弱了，变得不那么危险了，通过恐惧的压抑，通过痛苦、伤口和饥饿，它变成了一只病态的野兽。教士“改善”的那些被驯服之人的处境与此并无二致。中世纪早期，教会实际上是一个动物园，人们到处捕猎“金发野兽”的美丽范本——例如，“改善”高贵的日耳曼人。但是，当被引诱到修道院后，这样一个“被改善的”日耳曼人看起来又如何呢？就像一幅人的讽刺画，就像一个怪胎：他成了一个“罪人”，他被困在笼子里，被囚禁在各种可怕的概念中间……现在他躺在那里，身心交病，憎恶自身；他对生命的冲动充满仇恨，对一切仍然强大和快乐的事物充满不信任。简而言之，一个“基督徒”……从生理学角度来看：在与野兽的斗争中，使之生病可能是削弱它的唯一手段。教会清楚这一点：它腐蚀了人类，削弱了人类——但声称是“改善”了人类……

3

让我们来看看所谓道德的另一种情况，即培育特定种族和类型的情况。最出众的例子是印度的道德，它以《摩奴法典》的形式被认可为宗教。该法典规定了任务，同时培育不少于四个种姓：僧侣、武士、农商，最后是仆役的种姓，即首陀罗。很明显，在这里我们不再身处驯兽者之中：一种千百倍更温和、更理智的人种，是构想出这种培育计划的先决条件。当我们从基督教的病房和地牢的空气中步入这个更健康、更高尚、更广阔的世界时，我们长舒一口气。与《摩奴法典》相比，《新约》是多么可悲，气味多么难闻！但是，这个组织也需要让人惧怕——这次不是与野兽的斗争，而是与它自己的对立面，与血统不良的人、杂种人、贱民的斗争。再一次，除了使之生病，它没有其余的办法让它的对立面变得无害和软弱——这是与“多数人”的斗争。可能没有什么比印度道德的这些安全条例更违背我们的感情了。例如，第三条“关于不洁蔬菜”的谕令（Avadana-Sastra I）规定，允许贱民吃的唯一食物，是大蒜和洋葱，因为神圣经书禁止给他们谷物或带有种子的水果，也禁止给他们水或火。同一谕令规定，他们所需要的水，不能从河流、泉水或池塘中汲取，而只能从沼泽的入口、牲口践踏形成的坑穴中获取。此外，禁止贱民洗衣服或清洗自己，因为作为恩惠提供给他们的水只能用来解渴。最后，禁止首陀罗妇女为贱民妇女接生，同时甚至禁止贱民妇女分娩时相互帮助……这种卫生监察的成效没有多久就显现出来了：要命的瘟疫、可怕的性病，接着还有“刀法”，规定对男孩进行割礼，对女孩切除小阴唇。——摩奴本人说：“贱民是通奸、乱伦和犯罪的产物（——这是人种培育概念导致的必然结果）。他们只配以尸体上的破布为衣裳，以破罐为餐具，以锈铁为饰物，以邪灵为礼拜对象；他们将永无安宁地四处流浪。他们被禁止从左到右写字，也不能使用右手写字——使用右手和从左到右书写的权利，仅为有德性者，即有种姓者所有。”

4

这些规定很有启发性：一方面，我们在其中看到了绝对纯粹、绝对原始的雅利安的人性——我们了解到，“纯正血统”绝不是一个无害概念。另一方面变得清晰的是，在哪个民族中，仇恨，那种针对“人性”的贱民仇恨得以永存。在那里，它成为宗教，成为天才……从这个角度来看，《福音书》是一个最重要的文件，《以诺书》[1]更是如此。基督教源于犹太根基，只有将之视为这块土壤上的作物，才能够被理解，它代表了对每一种培育、种姓和特权之道德的反动：它是出色的反雅利安宗教。基督教是对所有雅利安价值的重估，是贱民价值的胜利，是向穷人、下层人宣扬的福音，是所有被压迫者、悲惨者、失败者、不幸者对“种姓”的普遍反抗——不朽的贱民复仇变成了一种爱的宗教……

5

培育的道德和驯化的道德，在它们所采用的手段上，完全彼此相称：我们可以假定一个最高原则，为了创造道德，人们必须具有追求其反面的绝对意志。这就是我探究时间最长、意义重大、令人恐惧的问题：人类“改善者”的心理学。一个小小的、本质上微不足道的事实，即所谓虔诚的欺诈（pia

---

1 《以诺书》是《希伯来圣经》中的伪经之一，描述了一系列的世界末日和宇宙异象。

fraus)，最先让我接触到这个问题：虔诚的欺诈，是所有“改善”人类的哲学家和牧师的遗产。无论是摩奴、柏拉图还是孔子，以及犹太教和基督教导师，都从未怀疑过他们说谎的权利。他们也没有怀疑过其他权利……可以用一个公式来说：迄今为止，所有使人类变得道德的手段，究其根源，是不道德的。

德国人失去了什么

1

如今在德国人中，仅仅拥有精神是不够的，还必须占据它，而且还要恣意使用精神……也许我了解德国人，或许我还可以告诉他们一些真理。新德国展现出大量继承与习得的才能，因此一段时间内，它甚至可以挥霍那些积聚起来的力量财富。与新德国一起成为主人的不是一种高尚的文化，更不是一种精致的品位，不是一种高贵的本能之“美”；相反，它是比任何其他欧洲国家所能显示的更有男子气概的德性。极大的勇气和自尊，在社会交往和义务对等中十分可靠，无比勤奋，无比忍耐——还有一种遗传的节制，更需要激励而不是阻碍。我再补充一点，在这里，人们仍然服从指令，却不会因为服从而受到羞辱……也没有人蔑视他的对手……

大家看到，我希望对德国人公平：我不想在这一点上对自己不忠——所以我也必须对他们提出异议。获取权力，就要付出高昂的代价：权力使人愚昧……德国人——他们曾经被称为思想家的民族：他们今天还在思考吗？——德国人现在厌倦了精神，德国人现在不信任精神，政治吞噬了所有对真正精神事物的严肃态度。“德国，德国高于一切”，我恐怕这就是德国哲学的终结……“德国有哲学家吗？德国有诗人吗？德国有好书吗？”在国外有人问我。我面红耳赤，但带着我特有的勇敢，即使在绝望的情况下，我还是回答：“有，俾斯麦！”——我是否可以坦陈今天人们在读什么书？……该死的平庸本能！

2

德国人的精神可以是什么，谁不曾忧郁地思考过这个问题！但是，近千年以来，这个民族一直在随意使自己变得愚昧：欧洲的两大麻醉剂——酒精和基督教——被滥用得最严重的地方莫过于这里。最近，甚至又加入了第三种麻醉剂，这种药剂本身就足以摧毁一切精神之敏锐果敢的灵动性。这就是音乐，我们那被阻塞的也阻塞一切的德国音乐。在德国人的理智中，有多少令人厌烦的沉重、瘫痪、潮湿感和睡衣，有多少啤酒啊！那些把生命献给最富精神性目标的年轻人，怎么可能在自己身上感觉不到精神的第一本能，即精神的自我保护本能，而去啜饮啤酒？……博学青年的酗酒可能不会使他们的学术性受到质疑——人们甚至可以成为没有任何精神的伟大学者——然而在任何其他方面，酗酒仍然是一个问题。还有哪里看不到啤酒在精神上造成的慢性堕落？在一个几乎已经出名的事件中，我曾经指出过这样的堕落——我们德国第一个的自由精神，聪明的大卫·施特劳斯，堕落成了啤酒馆福音和“新信仰”的作者……他用诗句向“可爱的褐色美人”发誓——忠诚至死，这并非没有原因的……[1]

3

我讲述了德国精神：它变得更加粗鄙，变得浅薄。这就足够了吗？让我感到恐惧的，实际上是完全不同的东西：在精神事物中，德国人的严肃、德国人的深沉、德国人的热情正在如此地每况愈下。激情也发生了变化，而不仅仅是知性。我时而接触到德国大学：这里的学者中盛行着怎样的气氛，精神性

1 大卫·施特劳斯（David Friedrich Strauß，1808—1874）：有争议的作家，他在《耶稣传》（1835）中认为基督教基于神话，并在《新旧信仰》（1851）中提出，基督教必须被一种基于艺术和科学知识的“新信仰”所取代。尼采在《不合时宜的沉思》（1873）的第一篇《大卫·施特劳斯，忏悔者和作家》中批评施特劳斯接受了现代的进步神话。“可爱的褐色美人”意指啤酒。

已经变得多么贫瘠，多么自满和冷淡！在这一点上，倘若有人以德国科学为由来反驳我，那将是一个深深的误解——而且，也证明此人未曾读过我写的任何一个字。十七年来，我一直不厌其烦揭示我们当代科学事业受到的去精神化影响。为什么具有更完满、更丰富、更深沉之天性的人不能找到任何合适的教育方式和教育者？主要原因就在于，如今的科学以其强大势力将每个人都判入严酷的奴隶境地。我们文化遭受的不幸，莫过于自负的游手好闲者和碎片化人性的泛滥；我们的大学，有悖其本意，成了这种精神本能萎缩的温床。整个欧洲已经对此有所了解——大政治没有欺骗任何人……德国正在日益成为欧洲的平淡乏味之地。我仍然在寻找一个和他在一起时，我能以自己的方式严肃待物的德国人——更在寻找一个我能快活地与之相处的德国人！偶像的黄昏：哦，今天谁能理解，这里的一个隐士从何种的严肃中恢复过来呢！——我们的快活，是我们身上最难理解的东西……

4

让我们评估一下：德国文化的衰落不仅显而易见，而且到处有据可循。归根结底，任何人最终的花费不能超出他所拥有的——个人如此，民族亦同。如果一个人在权力、大政治、经济、世界贸易、议会、军事利益上耗费自己的精力，如果一个人在这一方面消耗了一定量的知性、严肃、意志和自我超越，即他所拥有的，那么在另一方面他就缺少了这些分量。文化和国家——让我们不要在这一点上欺骗自己——是敌对者："文化国家"仅仅是个现代观念。一方靠另一方生存，一方以牺牲另一方的利益而繁荣。所有文化上的伟大时代都是政治衰落的时代：文化意义上的伟大是非政治的，甚至是反政治的。歌德为拿破仑现象感到心情舒畅，而对于"自由战争"则苦闷不已……就在德国作为强国崛起之时，法国作为文化大国获得了新的重要性。今天，许多新的严肃问题，许多新的精神激情已经转移到了巴黎；例如，悲观主义问题、瓦格纳问题，几乎所有的心理和艺术问题，较之在德国，都在那里不可比拟地得到了更为细致、更为深刻的思考——德国人根本无法胜任这种严肃性。在欧洲文化史上，"帝国"的兴起主要意味着一点：重心的转移。人们已经知道，在首要的事情上——这始终是文化——德国人已不值一提。有人问：你们能指出哪怕是一位对欧洲有影响的思想家吗？就像你们的歌德、黑格尔、海因里希·海涅、叔本华那样有影响？——已经不存在如此这般的德国哲学家，这是事实，对此谁都会惊讶不已。

5

整个德国高等教育体系已经失去了最重要的东西：目标，以及达到目标的手段。教育、教养本身就是目标——而不是“帝国”；这个目标需要教育家，而不是中学教师和大学学者——人们已经忘记了这一点……我们亟须这样的教育者，自学成才的、卓越的、高尚的思想家，每时每刻都在通过他们的语言和沉默来表现业已成熟的、甜美的文化，而不是中学和大学如今提供给青年的那些作为“高级保姆”的博学的粗汉。除了一些例外中的例外，教育家是缺失的，教育的首要前提是缺失的：因此导致了德国文化的衰落。最为罕见的例外之一，是我在巴塞尔令人尊敬的朋友雅克布·布克哈特：巴塞尔在人性方面的优越要首先归功于他。实际上，德国“高等学校”完成的是一种粗暴的训练，目的是以最少的时间支出，使大批的年轻人能够服务国家，成为可被利用、被榨取的人才。“高等教育”和大批量——这有史以来就是相抵牾的。高等教育总是属于例外：一个人必须是特权阶层，才能享受这样的特权。任何伟大的、美丽的事物，都不可能是公众拥有的：美属于少数人（pulchrum est paucorum hominum）。是什么导致了德国文化的衰落？“高等教育”不再是一种特权——民主主义的“教育”已经变得“普及”，变得平庸……我们不要忘记，军事特权阶层刻板地强求高等学校过高的入学率，这意味着教育的衰落。在今天的德国，没有人还能自由地给他的孩子提供一种高贵的教育：我们的“高等”学校，及其教师、教学计划和教学目标，都以一种暧昧的平庸为准绳。到处盛行着一种不体面的匆忙，倘若一个23岁的年轻人尚未“准备就绪”，还不知道“主要问题”的答案，即选择哪种职业，似乎就是耽误了什么——恕我直言，一种更高等的人类不喜欢“职业”，正是因为他懂得赋予自己使命[1]……他有时间，他不慌不忙，他根本不考虑“准备就绪”的问题——当涉及高级文化时，30岁的人都还是一个初学者，是个孩子。我们那些超负荷的中学，以及超负荷的、愚笨的中学教师，简直是一个丑闻，而为这些状况辩护，就像海德堡的教授们最近做的那样，可能另有原因——但不存在这样做的依据。

6

——我的天性倾向于肯定，只是间接地、不情愿地处理矛盾和批评。为了不违背我的天性，我将立即提出三项任务，也即人们需要教育者的原因。一个人必须学习观看，一个人必须学习思考，一个人必须学习说话和写作：这三项任务的目

1　德语中，职业与使命是同一个词 Beruf。——编者注

标都是一种高贵的文化。学习观看——让眼睛习惯于冷静、耐心，让事情自行发展；放下判断，学会从各个角度观察和理解单个事件。第一个通向精神性的预备训练：不要对刺激立即做出反应，而是要掌握那种延迟和隔离的本能。根据我的理解，学会观看，几乎就是非哲学的表达方式所说的坚强意志：这里最重要的恰恰不是“意愿”，而是能够推迟决定。一切非精神性，一切拙劣性，都来自无法抵御外来刺激——人们不得不做出反应，人们顺从每一个冲动。在许多情况下，这种强迫性已经是病态、衰退、疲惫的症状——几乎所有非哲学的粗糙表达所称的“罪恶”，都只是这种生理上的无能，无法做到不反应。学会观看的一种应用：作为学习者，一个人将变得迟钝、多疑和抗拒。他将怀着有敌意的平静，暂且让各种陌生的新事物靠近自己，而将自己的手从它们身上抽回来。敞开一切大门，匍匐在每一个琐碎小事面前，随时准备纵身跳入、使自己沉湎于他人和他物之中。简而言之，那现代著名的“客观性”，是糟糕的品位，是典型的不高贵。

7

学习思考：在我们的学校里，人们已经对此毫无概念了。在大学里，甚至在真正的哲学学者中，作为理论、作为实践、作为手艺的逻辑学也开始消亡。人们阅读德国书籍，甚至丝毫无法记起思考需要一种技术，一种学习计划，一种掌握技能的意愿——想学习思考，就如同想学习跳舞一样，把它当作一种舞蹈……在德国人中，谁还能通过经验体会到，在精神问题上轻快步履带给全身肌肉的那种细微的战栗！神态木讷笨拙，动作粗鲁迟钝，这是德国人的特点，以至于外国人把它当作德国人的根本特色。德国人没有感受细微差别的手指……德国人能够忍受他们的哲学家，尤其是有史以来最为畸形的概念残疾人——那个伟大的康德，这一事实可以让人更好地理解德国人的风度。也就是说，人们不能从高贵的教育中减去各种形式的舞蹈——用脚、用概念、用语言跳舞的能力。我是否需要补充，一个人还必须能够用笔跳舞，即必须学会写作？但在这一点上，我恐怕将完全成为德国读者的一个谜……

一个不合时宜者的漫游

1

我之不可能。——塞内加：或美德的斗士。——卢梭：或在污秽的自然中回归自然。——席勒：或塞金根的道德号手。——但丁：或在坟墓里作诗的鬣狗。——康德：或伪善言辞当作智性性格[1]。维克多·雨果：或荒谬之海上的灯塔。李斯特：或熟练性课程——目标是追逐女人。——乔治·桑：或丰富的乳汁，用德语说，就是具有“秀美风格”的奶牛。——米什莱：或脱掉外套的热情……卡莱尔：或悲观主义作为未被

---

1 康德的家族被（错误地）认为是苏格兰“坎特”（Cant）家族的后裔；本句的“伪善言辞”，在原文中尼采使用了英文单词“cant”。康德认为，“智性性格”指主体作为一个完全自主的事物本身，而不是经验性的性格或在空间和时间中出现的可观察的个性（参见《纯粹理性批判》《实践理性批判》）。关于康德的相关评论见上文“四大谬误”一节。

消化的午餐。——约翰·斯图亚特·密尔：或一种侮辱性的清晰。——龚古尔兄弟：或与荷马作战的两个埃阿斯。奥芬巴赫的音乐。——左拉：或“发臭的快乐”。

2

勒南。——神学，或“原罪”（基督教）对理性的腐蚀。勒南的明证，一旦他冒险说出一般意义上的“是”或“否”，他就会以令人尴尬的规律的方式出错。例如，他想把科学（la science）和高贵（la noblesse）结合起来；但科学属于民主，这是一个显然的事实。带着不小的野心，他想表现某种精神的贵族主义；但同时，他又跪倒在相反的学说面前，即谦卑者的福音（évangile des humbles），而且不仅仅是跪拜……倘若人们内心仍然是基督徒、天主教徒，甚至是教士，那么所有的自由思考、现代性、嘲弄和变化莫测的灵活性又有什么用呢！在进行诱惑方面，勒南有他的聪明手段，就像耶稣会会士或忏悔神父一样；他的精神性中不乏教士一般的咧嘴微笑——像所有教士一样，他只有在爱的时候，才变得危险。以一种威胁生命的方式朝拜，在这方面，无人能够与他相提并论……勒南的这种精神，一种麻痹神经的精神，对于可怜的、患病的、意志病态的法国来说，尤其是一场灾难。

3

圣伯夫。——毫无男子气概，对所有阳刚精神都充满了狭隘的愤怒。他四处游荡，灵敏、好奇、无聊、好窥探——根本就是个女人，有着女人的复仇欲和女人的感性。作为心理学家，他是一个诽谤（médisance）的天才，在这方面有取之不尽、用之不竭的手段；没有人比他更擅长在赞美中掺入毒药。他最深的本能是粗俗的，近似于卢梭的愤懑：因此是个浪漫主义者——因为在一切浪漫主义之下，都是卢梭的复仇本能在嘟哝、在渴望。他是一个革命者，尚且被恐惧所控制，尤其在面对一切强大的东西（公众舆论、科学院、法庭，甚至皇港修道院[1]）时毫无自由。他激烈地反对一切伟大人物和伟大事物，反对一切自信者。作为一个诗人和半个女人，他足以把伟大当作权力来体验；他不停地蠕动，就像传说中的虫子，因为他总是觉得自己被践踏。作为一个批评家，他没有标准，没有立场，没有骨气，如同世界性的自由主义者一样，拥有追求多样性的口味，但却没有勇气承认自己的自由放荡。作为一个历史学家，他缺少哲学，缺少哲学视野的力量——所以他拒绝了在

1　皇港修道院（Port-Royal）：杨森教派（Jansenism）的中心，该教派认为所有的救赎都是对有罪人类的无偿恩赐。圣伯夫（Charles Augustin de Sainte-Beuve，1804—1869）撰写了杨森教派的历史。

一切重要问题上进行判断的任务，把“客观性”当作面具。当一种精致的、老练的品位占据了支配地位时，他对万物的态度就不一样了：在那里，他确实有对自身的勇气，对自身的乐趣——在那里，他是大师。——在某些方面，他是波德莱尔的先驱。

4

《效法基督》是那种我拿在手里就会出现生理反感的书：它散发着一股永恒的女性芬芳，只有业已是法国人——或是瓦格纳的追随者——才会喜欢……这位圣徒谈论爱情的方式，甚至让巴黎女人都感到好奇。——我听说，那个最聪明的耶稣会士奥古斯特·孔德（Auguste Comte）从该书中获得了灵感，想借由科学的弯路把法国人引向罗马。我相信这点：“心灵的宗教……”

5

艾略特。——他们已经摆脱了基督教的上帝，现在他们认为必须更加坚持基督教道德：这就是英国的逻辑，我们不想把它归咎于艾略特的（à la Eliot）道德小女子。在英国，每当从神学中获得一点解放，人们就必须以最可怕的方式使自己成为一个道德狂热者，从而重新获得尊重。

在那里，这就是人们要付出的代价。——对我们其他人来说，情况就不同了。如果一个人放弃了基督教信仰，就把基督教道德的权利从自己脚下抽走了。这种道德绝不是不言自明的：人们还是必须一再揭示这一点，即使面对那些头脑简单的英国人。基督教是一个体系，是对事物的统摄性的、整体的观点。如果有人从中剥离出一个主要概念，即对上帝的信仰，也就因此摧毁了整个体系：不再有任何可把握的必要之物。基督教的前提是，人不知道，不能知道，对他来说什么是善，什么是恶：他信仰上帝，唯有上帝知道这点。基督教的道德是一种命令，其根源是超验的；它处于一切批评、一切批评之权利的彼岸；只有当上帝是真理时，它才拥有真理——它与对上帝的信仰共存亡。如果英国人真的相信，他们自己"凭直觉"知道，什么是善，什么是恶，如果他们因此认为，不再需要基督教作为道德的保证，那么这本身只是基督教价值判断之统治的后果，也是这种统治的力度和深度的表现。因此，英国道德的起源被遗忘了。这样，他们生存权利的极度有限性，就不再被察觉了。对英国人来说，道德还不是个问题……

6

乔治·桑。——我读了《旅人书简》第一卷：就像所有源于卢梭的东西一样，虚假、造作、满口大话、过分夸张。我无法忍受这种花哨的糊墙纸风格，就像无法忍受那追求豁达情感的、庸俗的野心。当然，最糟糕的是女性以男子气概，以粗鲁男孩的举止来卖弄风情——她在做这一切时多么冷酷，这个让人难以忍受的女作家！她像一只钟表一样上紧发条——然后写作……冷酷，像雨果，像巴尔扎克，像所有的浪漫派作家，只要他们进行创作就会冷酷无情！她会多么自得地躺在那里，这头多产的写作母牛，她身上带着糟糕的德国特征，就像她的师父卢梭本人一样，而且只有在法国人品位衰退之时，才可能出现这种情况！——但勒南却崇拜她……

7

心理学家的道德观。——不要做通俗小报心理学！永远不要为了观察而观察！那会导致一种错觉，一种斜视，一种勉强和夸张之物。因为想要体验而体验——这是不可取的。一个人不能在体验中凝视自身，因为每一瞥都会成为"毒眼"。一位天生的心理学家会本能地避免为了看而去看；天生的画家也是如此。他从不"依照自然"创作，他相信自己的本能，他的暗室（camera obscura）筛选和表达“事件”“自然”“经验”……然后普遍性才进入他的意识，那是结论、结果：他不会从个别案例中做出任意的抽象。——如果不这样做，情况会怎样？例如，如果以巴黎大大小小的小说家方式，去做小报心理学，会怎么样？这仿佛是在暗中等候现实，仿佛是每天晚上带一些稀罕之物回家……但看看最后的结果吧——一堆涂鸦，充其量是一幅马赛克，总之是一些拼凑起来的、不安分的、颜色刺目的东西。在这方面，龚古尔兄弟的作品最糟糕：他们凑不出三个不会对眼睛——心理学家的眼睛——造成伤害的句子。从艺术的角度出发，自然不是典范。它夸张、扭曲，留下空白。自然是偶然。在我看来，“依照自然”学习是个坏兆头：它透露出顺从、软弱、宿命论——这样匍匐在灰尘中面对琐碎的事实，不配做一个完整的艺术家。看清楚这是什么——这是一种不同的精神类型，属于反艺术者，属于事实论的精神。一个人必须知道，自己是谁……

8

艺术家的心理。——要想有艺术，要想有任何审美活动和观察，一个生理上的先决条件不可或缺：迷醉。迷醉必须先提高整个机体的灵敏度，否则就不会产生艺术。所有类型的迷醉，尽管其形成原因各不相同，但都有这种力量。首先是性冲动的迷醉，这是一种最古老和最原始的迷醉形式。同样，还有伴随所有巨大渴望、所有强烈情感而来的迷醉；节庆、竞赛、高超技艺、胜利、一切极限运动的迷醉；残忍的迷醉；毁灭的迷醉；某些天气的影响下的迷醉，如春天的迷醉；或者在麻醉剂的影响下的迷醉；最后，意志的迷醉，超载的和膨胀的意志的迷醉。——迷醉中最重要的是力量提升和充实的感觉。这种感觉导致人们投身于事物，强迫它们从我们这里索取，用暴力压迫它们——这个过程被称为理想化。在此，让我们摆脱一个成见：理想化并非像人们通常认为的那样，在于排除或去掉细枝末节。相反，着力突出主要特征，这才是决定性的，而其他特征则在这个过程中消失。

9

在这种状态下，人以自身的充实，丰富了万物：无论他看到什么、渴望什么，他都将其视作膨胀的、填满的、强大的、力量过剩的。在这种状态下，人改造事物，直到它们映照出他自身的力量——直到它们是他的完美之映射。这种变成完美的必要转化就是——艺术。甚至一切与他相异的东西，都变成了他的自我享受；在艺术中，人类享受着自身的完美。——

可以想象一种相反的状态，一种特殊的、本能的反艺术性——一种存在方式，它将使万物变得贫乏、瘦弱，使它们患上结核病。事实上，历史上有很多这样的反艺术家，这些饥饿的生命：他们必然要抓住事物，必定使之虚弱，使之更加贫瘠。例如，真正的基督徒就是这种情形，比如帕斯卡；一位基督徒同时也是艺术家，这种情况根本不存在……请别太天真，提出拉斐尔，或某些19世纪采用顺势疗法的基督徒来反驳我：拉斐尔言说肯定，拉斐尔作出肯定，所以拉斐尔不是基督徒……

10

我在美学中引入的对立概念，阿波罗的和狄俄尼索斯的，两者都被认为是迷醉的类型，这意味着什么？——阿波罗式的迷醉首先使眼睛保持兴奋，使它获得幻觉之力。画家、雕塑家、史诗诗人是卓越的幻视者。相反，在狄俄尼索斯状态下，整个情绪系统都被激发和强化了：它突然释放出所有的表达方式，同时发挥出表现、模仿、转换、变化之力，以及各种模拟和表演能力。本质的始终是轻而易举的变形，是没有能力不做出反应（——类似于某些歇斯底里者，他们会根据每一个暗示跳入任何角色）。对于狄俄尼索斯者来说，他不可能不理解任何一种暗示，他从不忽视情绪的征兆，他拥有最高级的理解和推测本能，正如他拥有最高级的沟通技艺。他穿透一切躯壳、一切情感：他不断改造自己。——音乐，正如我们今天所理解的那样，同样是情感的完全激发和释放，但它只是一个更充分的情感表达世界的残留，仅仅是狄俄尼索斯式戏剧表演的余渣。为了使音乐成为一门独立艺术，人们已经停止了一些感官功能，尤其是肌肉的感觉功能（至少相对而言，因为在某种程度上，所有的节奏仍然诉诸我们的肌肉）：于是，人们不再立即用身体模仿和表现他们感受到的一切。然而，这才是真正的狄俄尼索斯式常态，或者至少是其原始状态；音乐是这种状态的逐渐专业化，以牺牲最紧密相关的能力为代价。

11

演员、哑剧表演者、舞蹈家、音乐家、诗人，他们在本能上有根本的联系，本质上是一体的，但逐渐专门化、相互分离——甚至相互冲突。诗人与音乐家保持着最长久的联结，演员则同舞蹈家。——建筑师既不表现出狄俄尼索斯的状态，也不表现出阿波罗的状态：在他身上的，是伟大的意志行为，是移山的意志，是渴望艺术的伟大意志的迷醉。最有力的人总是赋予建筑师以灵感，建筑师总是容易受到力的影响。建筑应该体现骄傲，体现对重力的胜利，体现权力意志；建筑是一种形式上的权力演说，有时是劝说，甚至是谄媚，有时仅仅是号令。权力和确定性的最高感觉，体现在具有宏伟风格的建筑中。权力不需要额外的证明；它不屑于取悦任何人；它不轻易给出答案；它感受不到周围有任何证人；它存在着，意识不到有任何东西与它相抵触；它宿命地沉湎于自身，是法则中的法则：该法则以伟大的风格谈论自身。

12

我读了托马斯·卡莱尔的生平，这场违心的闹剧，这场对消化不良状态的英雄道德的诠释。——卡莱尔，一个言辞和态度都很强硬的人，一位必然的雄辩家，他渴望坚定的信仰，却感到自己的无能，并不断地被这种感觉所激怒（在这一点上，他是个典型的浪漫派作家！）。对坚定信仰的渴望并不是坚定信仰的证明，恰恰相反。如果一个人有坚定的信仰，他就能为怀疑论的奢侈买单：他有足够的把握、足够的安全、足够的约束。卡莱尔对信仰坚定的人给予强烈的（fortissimo）敬仰，对那些不那么头脑简单的人表达愤怒，以此来麻痹自己内心的某些东西：他需要噪声。对自己持续的、狂热的不诚实——这是他的特性（proprium），才使他成为并依然是饶有趣味的人。——当然，在英国，他恰恰因为诚实而受到钦佩……好吧，那是英国式的；考虑到英国人是一个精通伪善言辞（cant）的民族，这不仅可以理解，甚至是恰当的。归根结底，卡莱尔是一个英国式无神论者，他自称不是无神论者，并以此作为自己的荣誉。

13

爱默生。——比卡莱尔更开明、更逍遥、更复杂、更有心机，最重要的是更幸运……他这种类型的人，本能地只享用那些神仙美味（Ambrosia），而把事物中难以消化的东西都遗留下来。与卡莱尔相比，他是一个有品位的人。——卡莱尔非常喜欢他，尽管如此还这样谈论他："他没有给我们足够的东西咀嚼。"这种说法也许是有道理的，但却无损于爱默生。——爱默生有一种善良、智慧的开朗天性，能消解一切严肃；他根本不知道自己已经有多大年纪，以及仍将有多年轻——他可以借佩·德·维迦的话说自己："我跟随我自己。"他的精神总能找到满足甚至感恩的理由；偶尔他也会接近那种愉快的超验，像一位老实人从情人的幽会地返回，仿佛出色地完成了一件任务（tamquam re bene gesta）。"即使缺少力量，"他感激地说，"享乐依然值得赞扬。"

14

反达尔文。——至于著名的“生存竞争”，目前在我看来，与其说得到了证明，不如说是被断言的。它发生过，但只是作为例外；生活的总体不是匮乏和饥馑，而是富足、丰盛，甚至是荒谬的挥霍——凡是有斗争的地方，人们为权力而斗争……人们不应该把马尔萨斯与自然混为一谈。但是，假定有这样的斗争——事实上，它确实发生了——遗憾的是，其结果与达尔文学派所希望的相反，与人们所希望的相反：它损害了强者、特权者、幸运的例外者。物种并没有变得更加完美：弱者一次又一次地成为强者的主人——因为他们是绝大多数，而且也更聪明……达尔文忘记了精神（Geist——这是英国式的！），弱者拥有更多的精神……人们得需要精神，才能得到精神——如果人们不再需要它，就会失去它。谁拥有力量，就会放弃精神（——“让它去吧！——今天德国的人们这么认为——帝国将依然是我们的”……）。大家看到，我所理解的精神，是谨慎、耐心、计谋、欺骗、强大的自制力，以及一切被称为模仿之物（所谓德性，其中很大一部分便属于最后一项）。

15

心理学家的案例分析。——有一个通达人情者：他研究人类的真正目的是什么？他想从他们身上获得微小的好处，或者巨大的好处，——他是一个政客！……那一位也是通达人情者；你们说，他根本不是为了自己，他是一个伟大的“非个人”。请你们仔细看看吧！也许他想要一种更糟糕的好处：感到自己比他人优越，可以俯视他人，不再把自己和他人混淆。这种“非个人”蔑视人类：而前一种类型是更有人性的物种，不管表面上看如何。至少他把自己放在与人类同等的地位，他把自己放在人类之中……

16

我由一系列例子发现，德国人的心理节奏似乎有些问题，我的谦逊阻止我将这些例子一一罗列出来，但给我提供了一个极好途径来论证我的观点。我无法容忍德国人在康德和他的“后门哲学”（我这么叫它）上犯错，那不是正直智性的典范。——另一件我不能忍受的事是臭名昭著的“和”：德国人说“歌德和席勒”——我担心他们甚至说“席勒和歌德”……难道人们还不知道这个席勒吗？——还有更糟糕的“和”，我亲耳听见，尽管只是在大学教授中间，我听到过“叔本华和哈特曼”……

17

可以想见，最富有精神的人，也是最勇敢的，他们也一定经历了迄今为止最为痛楚的悲剧：但正是出于这个原因，他们敬畏生命，因为生命以最大的敌意同他们对抗。

18

关于“智性的良知”。——在我看来，今天没有什么比真正的虚伪更罕见了。我强烈质疑，这种植物无法忍受我们文化中的轻柔之风。虚伪属于有强大信仰的时代：那时即使人们被迫展示另一种信仰，也不会放弃自己旧有的信仰。今天，人们放任自流；或者，更常见的是，人们在第一种信仰的基础上再堆砌另一种信仰——无论如何，人们仍然保持诚实。毫无疑问，与以往相比，今天有可能存在着更多的信念：可能，这意味着允许，意味着无害。由此产生出对自身的宽容。——对自身宽容，允许一个人有多种信念：这些信念彼此和睦相处——它们小心翼翼，就像今天全世界所做的那样，不让自己出丑。现在一个人如何才会出丑？如果他保持坚定不移，如果他坚持走一条笔直的路线，如果他不模棱两可，如果他保持真诚……我十分担心，面对某些恶习，现代人太过懒散，以至于这些恶习正在消亡。一切由于强大意志而产生的邪恶——也许没有强烈的意志就没有邪恶——在我们温热的空气中，都会蜕化成美德……我见过的几个为数不多的伪君子，都在模仿虚伪：今天几乎每十人中就会出现一个，他们是演员。

19

美和丑。——没有什么比我们对美的感受更依赖于特定条件，或曰更受到限制了。倘若有人试图将它从人类给人类带来的愉悦中分离出来，就会立刻失去根基和立足之地。“自在之美”只是一个词，甚至不是一个概念。在美之中，人类把自身当作完美的标尺；在有些情况下，人类在美之中崇拜自身。一个物种只能像这样进行单纯的自我肯定，不可能有其他情形。它那至深的本能，即自我保护和自我扩张的本能，仍然闪耀在这种崇高中。人们相信，世界本身充满了美，——他们忘记了自己才是美的原因。只有人赋予世界以美，唉！赋予其一种人性的、太人性的美……归根结底，人类在事物中映照自身，任何反映其自身图像的东西，都被当作是美的：“美”的判断是他们这个物种的虚荣心……

怀疑论者耳边或许会响起一个小小的疑问：世界就真的美吗？人类已经把世界“人化”了：仅此而已。没有什么、没有任何东西向我们担保：人类提供了美的典范。谁又知道，人类在一个更高的鉴赏家眼中是什么样子？也许过于大胆？也许竟饶有趣味？也许有些武断？……“哦，神圣的狄俄尼索斯，你为什么要揪着我的耳朵？”阿里阿德涅曾在拿克索斯的那段著名对话中问她的哲学情人。“我在你的耳朵里发现了一种幽默，阿里阿德涅：为什么它们不更长一些？”[1]

20

没有什么是美的，只有人是美的：全部美学都建立在这一单纯的观念上，这是美学的第一真理。让我们马上补充它的第二真理：没有什么比处于退化过程中的人更丑陋的了——这就为审美判断的领域设定了界限。从生理学上讲，一切丑陋都会使人虚弱、忧郁，它使人想起衰落、危险、无力，它实际上使人失去力量。可以用一个测力器来测量丑陋的影响。每当人类感到沮丧时，他会察觉到附近有“丑陋”的东西。

---

1 在希腊神话中，阿里阿德涅帮助特修斯从关押着弥诺陶洛斯的迷宫中逃脱。然后特修斯带走了阿里阿德涅，但把她留在了纳克索斯岛，在那里狄俄尼索斯神找到她并娶了她。在这里，尼采提到了他自己关于狄俄尼索斯和阿里阿德涅主题的文章，在1889年《偶像的黄昏》出版时仍未发表。在尼采的《狄俄尼索斯赞歌》（*Dionysus Dithyrambs*）中的一首诗《阿里阿德涅的哀歌》中，狄俄尼索斯说：“聪明点吧，阿里阿德涅！……你的耳朵很小，你有我的耳朵。/ 让一个聪明的词进入他们的耳朵！ / 在爱自己之前，难道不能恨自己吗？…… / 我是你的迷宫……”

他的力量感，他的权力意志，他的勇气，他的自豪感——与丑同降，与美同升……在种种情况下，我们得出一个单一的结论；该结论的前提大量积聚在我们的本能之中。丑被理解为衰败的信号和症状：任何东西，只要使人略微想到衰败，都会引发我们做出“丑”的判断。每一个枯竭、沉重、衰老、疲劳的迹象，每一种不自由的迹象，抽筋或瘫痪，尤其是解体和腐烂的气味、颜色和形状，即使它最终被稀释成一个象征——所有这些都会引起同样的反应，引起“丑”的价值判断。在这里，一种憎恨之情跃然纸上：人类在这里憎恨谁？然而毫无疑问：他们恨自己物种的衰落。在这里，他们的仇恨来自物种最深的本能；在这种仇恨中，有恐怖，有谨慎，有深刻，有远见——这是世上存在的最深的仇恨。由于它的缘故，艺术是深刻的……

21

叔本华。——叔本华，最后一位值得关注的德国人（——他是一个欧洲事件，像歌德、黑格尔、海因里希·海涅一样，而不仅仅是一个地方、一桩“民族”事件），对所有心理学家来说，他是个一流案例：这是邪恶的天才的尝试，目的在于以虚无主义整体贬低生命，实际却恰恰引入了反例——“生命意志”的伟大的自我证明，生命的旺盛形式。他依次把艺术、英雄主义、天才、美、伟大的同情心、知识、追求真理的意志和悲剧，解释为“否定”或“意志”之否定需求的后果——这是除去基督教以外，历史上最大的心理学上的弄虚作假。进一步来看，这方面，他只是基督教解释的继承者：不过他懂得，依旧在基督教即虚无主义的意义上，去认可被基督教拒绝的东西，即人类伟大的文化事实（——作为通向“救赎”的道路，作为“救赎”的前奏，作为对“救赎”之需求的刺激……）。

22

让我举一个特别的例子。叔本华以一种忧郁的热情谈论美——究竟为什么？因为他在美之中看到了一座桥，在这座桥上人们可以走得更远，或者萌生走得更远的渴求……对他来说，美是从“意志”中的暂时解脱——它引诱我们走向永恒的救赎……叔本华特别珍视艺术，把它视作救星，使人摆脱“意志的焦点”，摆脱性欲——他在美之中看到了对生殖欲望的否定……这个奇异的圣人！恐怕有人在反驳你，那正是自然。自然界的声音、色彩、芳香、有节奏的律动中的美，究竟为何存在？美带来了什么？——幸运的是，还有一位哲学家反驳他。并非小人物，而是权威人士，那位神圣的柏拉图（——叔本华本人也这样称呼他）持有一个不同的主张：所有的美都会刺激生殖——这正是它特有的效果，从最感官的上升到最精神的……

23

柏拉图走得更远。他以一种只有在希腊人而非“基督徒”身上才有的天真无邪的态度说道，如果雅典没有这样俊美的青年，就根本不会有柏拉图哲学：正是看到他们，哲学家的灵魂才会陷入情欲的旋涡，急不可待，直到在这美丽的土壤上播下所有崇高事物的种子，才能平静下来。又是一位奇异的圣人！——假定人们相信柏拉图的话，他们简直无法相信自己的耳朵。不过，至少人们可以猜测，雅典人以不同的方式进行哲学研究，尤其在公开场合。没有什么比一个隐士编织的概念蜘蛛网，斯宾诺莎式的对上帝的理智之爱（amor intellectualis dei），更远离希腊风格了。柏拉图式的哲学应当被定义为一场性爱的竞赛，是对古老的竞技体操及其前提条件的延续和内化……柏拉图这种哲学上的色情主义，最终引发了什么？希腊竞技的一种新的艺术形式：辩证法。——我还要回顾一下，为了反对叔本华，也为了赞颂柏拉图，古典法国的全部高级文化和文学也是在“性趣”的土壤上成长起来的。在这种文化中，人们可以四处寻找殷勤、性感、性竞争、“女人”，——而且永远不会徒劳无功……

24

为艺术而艺术（L'art pour l'art）。反抗艺术中的目的性，始终是在反抗艺术中的道德化倾向，反抗艺术屈从于道德。为艺术而艺术意味着：“让道德见鬼去吧！”——然而，甚至这种敌意也暴露了成见的强大力量。如果人们把道德说教和改善人类的目的从艺术中排除出去，其结果也绝不意味着艺术是无目的、无宗旨、无意义的，简言之，是为艺术而艺术的——一条咬住自己尾巴的虫子。“宁愿全无目的，也好过有一个道德目的！”——纯然的激情如是说。一个心理学家反问道：一切的艺术何为？它不赞美？不颂扬？不选择？没有偏好？在所有这些方面，它加强或削弱了某些价值评估……这只是一个附带作用吗？一个偶然吗？难道艺术家的本能在其中没有发挥任何作用？或者说，这不正是艺术家能够创作的前提吗……艺术家至深的本能是指向艺术，还是指向艺术的意义，即生命？指向生命中可期盼之物？

——艺术是生命的伟大兴奋剂：怎么能把它理解为无目的、无宗旨、为艺术而艺术呢？——这里还遗留了一个问题：艺术也显现出很多生活中的丑陋、严酷和可疑的东西——难道它不是以此败坏了生命吗？——事实上，已经有哲学家赋予艺术这种意义：叔本华认为，“从意志中解放”是艺术的全部目的，而“催生听天由命情绪”则被他尊为悲剧的最大功用。不过——正如我已经阐明——这是悲观主义者的视角和“毒眼”：人们必须向艺术家本身求助。悲剧艺术家自身传达了什么？他展示的，不正是一种面对可怕和可疑之物时的无畏状态吗？——这个状态本身是令人向往的；谁了解这个状态，谁就会向它致以最高的崇敬。他传播这种状态，他必须传播它，只要他是一个艺术家，一个传播的天才。面对强大的敌人、巨大的灾难，以及可怕的问题时，保持勇敢和自由的感觉——这种胜利的状态，是悲剧艺术家所选择的，是他们所崇尚的。面对悲剧，我们灵魂中的好战属性会庆祝它的农神节；习惯于痛苦、寻求痛苦的英雄，都会用悲剧来颂扬自己的存在——悲剧作家只为他，捧上这杯最甜蜜的残酷之酒。

25

与人和睦相处，敞开心扉，这是心胸开阔的体现，但也不过是心胸开阔而已。人们可以识别那些有高尚待客能力的心灵，这些心灵上有许多遮掩的窗户和紧闭的百叶窗：它们让自己最好的房间空着。为什么？——因为它们在等待那些不被“喜爱”的客人。

26

当我们表达自身时，便不再能够充分评价自己。我们的真正体验绝不是付诸言辞的。这种体验想表达也表达不了，原因在于，它们没有语言。一旦我们用语言谈论某事，我们就已经超越了它。在一切话语中，都带有一点儿蔑视。如此看来，语言，只为平庸、普通、可交流的东西而发明。在语言中，说话者已经把自己庸俗化了。——摘自聋哑人和其他哲学家的道德观。

27

“这幅画美得让人心醉！”……那位女性文人，不满、激动、内心贫瘠，时刻怀着痛苦的好奇心，倾听从她肌体深处悄然传来的命令："孩子或者书籍。"（aut liberi aut libri）女性文人，有足够的文化修养来理解自然的声音，哪怕自然说的是拉丁语。但她也仍然有足够的虚荣和愚蠢，甚至私下里用法语自言自语："我将看我自己，我将读我自己，我将陷入狂喜，我将说，我可能有这么多的智慧吗？"[1]

28

"无个性者"开口说话。——对于我们来说，没有什么比智慧、耐心和高人一等更加容易了。我们流淌着体贴和同情之油，我们公正到荒谬的地步，我们原谅一切。正因为如此，我们应该对自己更严格一些；正因为如此，我们应该不时为自己培养一点情绪，一点小小的情绪恶习。这可能令我们气恼，在彼此之间，我们可能会互相嘲笑我们展现出的这一部分。但又有什么办法！我们已经没有其他方式来克服自己：这就是我们的禁欲主义，我们的赎罪……成为有个性者——这就是"无个

---

1 "je me verrai, je me lirai, je m'extasierai et je dirai: Possible, que j'aie eu tant d'esprit?" 1769 年 9 月 18 日，意大利国民经济学家加利亚尼（Ferdinando Galiani，1728—1787）给朋友埃佩奈夫人（1726—1783）信中的一句话。加利亚尼是一位经济学家，埃佩奈是一位作家；两人都活跃在巴黎的知识界。在这里，加利亚尼请求埃佩奈归还自己的一份手稿。

性者”的美德……

29

出自一场博士考试。——“一切高等教育的任务是什么？”——把人变成机器。——“达到这个目的的手段是什么？”——他们必须学会感受无聊。“如何实现？”——通过义务的概念。“谁是这方面的典范？”——语文学家：他们教人死记硬背。——“谁是完美的人？”——公务员。——“哪种哲学为公务员提供了最高级的公式？”——康德的哲学：公务员作为自在之物被任命为法官，审判作为现象的公务员。

30

愚蠢的权利。——疲惫的、呼吸缓慢的工人，目光和善，让事情顺其自然：这种典型的人物，在这个工作时代（和“帝国”的时代！），在每个社会阶层都能碰到。这些人今天甚至要求享有艺术，包括书籍，尤其是报刊——更不用说美丽的大自然了，意大利……

迟暮的人，如浮士德所说，“野性的本能已经沉睡”，需要避暑、海滨浴场、滑冰、拜罗伊特……在这样的时代，艺术有权做纯粹的蠢事——作为一种精神、才智和情绪的休假。瓦格纳明白这一点。纯粹的愚蠢使人恢复活力……

31

还有一个养生问题。尤利乌斯·恺撒用来防止疾病和头痛的方法：长途行军，最简单的生活形式，不间断的户外生活，持续的劳作——概而言之，是一些维持和保护措施，针对敏感的、在高强度压力下工作的机器之极端脆弱性，这种机器即所谓的天才。

32

非道德主义者发话。——没有什么比心怀念想这一点更违背哲学家品位了……如果哲学家只从行动中看人，如果他看到这些最勇敢、最狡猾、最顽强的生物都迷失在苦难的迷宫中，这样的人在他看来是多么值得敬佩！他们是富有启发性的……哲学家鄙视许愿的人，也鄙视“能够被许愿”的人——以及所有的愿望，所有人类的理想。如果哲学家成为虚无主义者，那是因为他发现了所有人类理想背后的虚无。或者甚至不是虚无——只是无价值的东西，是荒谬、病态、懦弱、疲惫，是从饮干的人生酒杯中倒出的各种余渣……在现实中如此值得尊敬的人类，为什么只要他许愿，便不再受到敬重呢？他必须为自己在现实中如此能干而赎罪吗？他必须通过在想象和荒诞的领域伸展四肢，来平衡他的行动，以及一切行动中头脑和意志的紧张吗？——人类愿望的历史，迄今为止是不体面的部分（partie honteuse）：我们应该小心，别过久地在其中阅读。为人辩护的，是它的现实——它将永远为人类辩护。同任何仅仅是期望、幻想、卑鄙地捏造出来的人相比，同任何理想的人相比，真实的人具有多么大的价值？……只有理想的人才违背哲学家的品位。

33

利己主义的自然价值。利己主义的价值等同于利己者的生理价值：它的价值可以非常巨大，也可以一文不值，令人鄙视。我们可以根据其体现的生命路线的上升或下降来评价每一位个体。一旦我们对此做出判断，我们就有了一个标准，去衡量其自私自利的价值。如果他代表的是上升线，那么他的价值实际上是非同寻常的——为了整个生命（因为有了他，整个生命才向前迈进了一步），人可以格外小心地为自己争取和维护最佳条件。到目前为止，民众和哲学家所理解的个体和“个人”，是个谬误：个人本身什么都不是，不是原子，不是“链条上的一个环节”，不仅仅是过去的遗传之物——他仍然是导向他自身的全部、统一的人的路线……如果他代表着下降的趋势、衰退、慢性退化、疾病（一般来说，疾病已经是衰退的后果，而不是其原因），那么他就没有什么价值，按照首要的公正原则，他应该尽可能少地从那些发展良好者身上索取。他只是他们的寄生虫……

34

基督教和无政府主义者。——当无政府主义者作为社会没落阶层的喉舌，愤愤不平地坚持“权利”“正义”“平等”时，支配他们的只是愚昧，因而他们不能理解，自己究竟为何受苦——他们缺乏什么，缺乏生命……一种追根究底的冲动在他们身上无比强大：他们感觉不好，一定是有人要对此负责……甚至“愤愤不平”也对他们有好处，所有穷鬼都喜欢咒骂——这提供了一种小小的权力迷醉。即使是悲叹、怨天尤人，也能给生活增添魅力，为此人们才能忍受生活。每一次抱怨中都包含一份微妙的复仇的剂量，人们由于自己的糟糕处境，甚至可能是自己的卑劣品行，而指责其他人，就像指责一种不公正，一种被禁止的特权。“如果我是个下等人，那么你也应该是。”在这种逻辑下，人们进行革命。——怨天尤人在任何情况下都没有好处：它来自软弱。一个人不论是把自己的糟糕处境归咎于别人，还是归咎于自身——社会主义者采取前者，基督徒采取后者——都没有实际差别。

两者的共同点，我们也称之为不体面之处在于，一个人受苦，应该有人为此负责——简而言之，受难者把复仇的蜂蜜作为治疗其痛苦的良方。这种作为快乐需求的复仇欲，其对象只是随机的原因：受难者到处都能找到原因，来发泄他渺小的复仇欲——如果他是一个基督徒，再说一遍，他就在自身找到了原因……基督徒和无政府主义者——两者都是颓废者。即使当基督徒谴责、诽谤和污蔑“世界”时，他也是出于同样的本能，如同社会主义工人谴责、诽谤和污蔑社会一样。甚至“最后的审判”也是复仇的甜蜜安慰——如同社会主义工人所期待的革命，只是被构想得更遥远了一些……“彼岸”本身——如果它不是用来污蔑此岸的手段，那么彼岸还有何用？……

35

颓废道德批判。——一种“利他主义”道德，一种自私自利在其中枯萎的道德，在任何情况下都是一个糟糕的征兆。这一点适用于个人，而且尤其适用于民族。当自私自利开始缺失时，最好的东西就会消失。本能地选择对自己有害的东西，被“无利害”的动机所诱惑，实际上就是颓废的公式。“不谋求他自身的利益”——这只是一块道德的遮羞布，以掩盖一种全然不同的、生理的事实：“我不知道如何找到自己的兴趣指向”……这是本能的崩溃！——当人成为利他主义者的时候，他也就毁灭了。——颓废者口中的道德谎言，不是天真地说“我没有任何价值”，而是说“任何东西都毫无价值——生命毫无价值”……这样的判断总是带着一种巨大的危险，它有一种传染性——在社会整体的病态土壤中，它很快就会孕育出一种概念的热带植物，有时是宗教（基督教），有时是哲学（叔本华主义）。在某些情况下，这种从腐烂中诞生的有毒植物，伴随着它散发的烟雾会毒害生命，长达数千年……

36

医生的道德观。——病人是社会的寄生虫。在某些情况下，继续活下去是不体面的。如果已经失去了生命的意义、生命的权利，懦弱地依赖医生和治疗而苟活下去，就应该受到社会深深的蔑视。此外，医生应该是传达这种蔑视的人——每天给病人开的不是处方，而是一剂新的厌恶……为了生命的最高利益，为了上升的生命，需要毫不留情地压制和排除堕落的生命——例如，关于生育权、出生权、生命权……在上述所有情况下，创造出一种新的责任，即医生的责任。如果不可能继续骄傲地活着，就应该骄傲地赴死。死亡，来自个人的自由选择，在适当的时候，带着开朗和欢快的情绪，在孩子和证人的见证下实行。这样，那个尚且在世者，那个道别者，才有可能真正地告别，对自己的成就和欲求进行真正的评估，对生活做一次总结——这一切都与基督教在临终时刻上演的可怜又可怕的喜剧相反。人们永远不该忘记，基督教滥用临终者的软弱以强暴良知，滥用死亡的方式对人及其过去进行价值评判！在此，要排除一切偏见的怯弱，最重要的是，确立所谓自然死亡之正确，也即生理的评估：即使最终只是一种“非自然”死亡，即自杀。一个人永远不会死于他人手中，而是死于自身。不过，在最可鄙条件下的死亡，是不自由的死亡，错误时刻的死亡，懦夫的死亡。出于对生命的热爱——人们应该渴望一种不同的死亡，自由的、有意识的、排除偶然的、不是突如其来的……最后，给诸位悲观主义先生和其他颓废者一个建议：我们不能阻止自己出生，但我们可以弥补这个错误——因为有时它是一个错误。当一个人清除自己的时候，他做了世上最值得尊敬的事：他几乎以此赢得了生存的权利……社会，我在说什么！生命本身从其中获得的好处，比从任何断念、贫血症和其他美德的“生活”中获得的好处要多得多——一个人使他人摆脱了自己的景象，把生命从反对意见中解放出来……悲观主义，纯净而新鲜，悲观主义先生们只有通过自我反驳才能证明自己：人们必须在逻辑上更进一步，而不仅仅是像叔本华那样，用“意志和表象”来否定生命——人们必须首先否定叔本华……顺便提一下，悲观主义尽管可能具有传染性，但仍然不会增加一个时代、一个物种整体的病态：悲观主义是这种病态的表现。人们屈服于它，就像屈服于霍乱：人们对此已经有足够的病态倾向。悲观主义本身并没有产生更多的颓废者；我记得统计学的结果，在霍乱肆虐的年份，死亡人口总数与其他年份并无二致。

37

我们是否变得更道德了。——不出所料，针对我的“善恶之彼岸”概念，所有道德的愚蠢之怒火发作了。众所周知，这怒火在德国就是道德本身——对此我可以讲一些有趣的故事。首先，我被告知，要思考我们这个时代在道德判断方面“无可否认的优越性”，思考我们在这里取得的真正进步：一个切萨雷·博尔吉亚[1]，与我们相比，绝对不能被当作“更高尚的人”、某种如我所称的超人……《联邦报》的一位瑞士编辑竟然如此“理解”我作品的含义，并且不由得对这种冒险行为的胆量表示敬意，他认为我是在要求废除所有体面的感情。非常感谢！——作为回答，

1　博尔吉亚（Cesare Borgia，1475—1507）：罗马公爵，马基雅维利在《君主论》中称颂了他采取的残酷无情的策略。

请允许我提出一个问题，即我们是否确实变得更道德了。全世界都相信这一点，这已经成了对这一说法的反驳……我们现代人，非常娇嫩，非常容易受伤，以百种方式相互给予和接受关怀，我们所代表的这种温柔的人性，我们在体贴、帮助和相互信任方面达成的一致，我们误以为这些是一种积极的进步，因此我们已经远远超过了文艺复兴时期的人。但每个时代都这么想，也必定这么想。诚然，我们不能把自己放置到文艺复兴时期的状态中，甚至不能如此设想：我们的神经无法承受那种现实，更不用说我们的肌肉了。但这种无能为力，并不是任何进步的证据，只是一种不同的、后天的体质，一种更虚弱、更温柔、更易受伤的体质，它必然会产生一种无比体贴的道德。如果把我们的娇嫩和迟暮、我们生理上的老态抛开，那么我们的“人性化”的道德也会立刻失去其价值——道德本身没有价值，它甚至会招致我们的自我蔑视。另一方面，我们不要怀疑，我们这些现代人，裹着填塞得厚厚的人性外衣，不愿经受任何磕碰，会给切萨雷·博尔吉亚的同时代人上演一出笑死人的喜剧。事实上，携带着我们的现代“德性”，我们不得不显得极度可笑……敌对和猜疑本能的衰退——这也许就是我们的“进步”——只是生命力普遍降低的后果之一：要维持这样一种如此有限、迟暮的存在，需要付出数百倍多的辛苦和审慎。人们在这里互相帮助，在一定程度上这里的每个人都是病人，又都是护士。这就是所谓的“德性”——在那些仍然了解一种别样生命的人当中，那里的生命更饱满、更奢侈、更充实，他们可能会用其他方式称呼它，也许是“懦弱”“可怜”“老太婆的道德”……我们社会道德的软化是衰退的后果——这是我的主张，如果人们愿意的话，也可称为我的革新；相反，社会道德的严酷和可怕，可以是生命充沛的后果：那时，可以有大量的冒险，大量挑战，大量挥霍。那时的生活调味品，对我们来说可能就是毒药……无动于衷也是强壮的一种形式——对此我们也太衰老，太迟暮了：我们的同情心道德——可以称之为道德印象主义（l'impressionisme morale），我是第一个对此发出警告的人——不过是生理上过度敏感的一种表现，是一切颓废的特征。试图借助叔本华的同情道德，来表现自己科学性的那场运动——一次非常不幸的尝试！——是真正的道德的颓废运动，因此它与基督教道德有着深厚的渊源。那些强大的时代，高贵的文化，它们在怜悯、“博爱”、缺乏自我和自尊中，看到了可鄙之物。应当依据其积极的力量来衡量时代——因此，文艺复兴那个被如此挥霍和多灾多难的时代是最后一个伟大的时代，而我们，我们现代人，带着战战兢兢的自怜和博爱，带着我们劳作的德性、谦逊、正义、科学思想，不断囤积、节俭、刻板——这是一个虚弱的时代……我们的德性是由我们的软弱所设定、所要求的……“平等”——某种实际上日益增长的相似性，“平等权利”的理论只是其表达方式之一——本质上属于衰落：人与人、阶层与阶层之间的鸿沟，类型的多样化，自我实现和自我彰显的意志，我称这一切为距离的激情，是每个强大时代的特性。今天，极端之间的张力和跨度越来越小——极端本身最终模糊消失，成为相似性……我们所有的政治理论和宪法，“德意志帝国”也绝不例外，都是衰败的结果、必然之后果；颓废无意识的影响，甚至渗入了单个学科的理想中，并占据主导。我一直反对一切英国和法国的社会学，因为它只从经验出发，去了解社会的衰败形态，并以完全的无辜，将自己那衰败的本能视为社会学价值判断的准则。衰败的生命，一切组织性的，也就是分离的力量，产生鸿沟的力量，使一些人服从或指挥他人的力量日益衰退，这在今天的社会学中被称作一种理想……我们的社会主义者是颓废派，不过赫伯特·斯宾塞[1]先生也是一个颓废者——他在利他主义的胜利中看到了一些值得期望的东西！……

38

我的自由概念。有时，一件事物的价值不在于我们通过它得到了什么，而在于我们为它付出了什么——它让我们付出

1 赫伯特·斯宾塞（Herbert Spencer，1820—1903），英国哲学家、社会达尔文主义之父，提出将“适者生存”应用在社会学，尤其是教育及阶级斗争中。——编者注

了什么。我举个例子，自由主义机构一经建立，就立刻不再是自由主义了：从此以后，没有什么比自由主义机构对自由造成的伤害更严重、更根本了。毕竟人们知道，它们带来了什么：它们削弱了权力意志，它们将山峦和峡谷抹平，并将之提升为道德的平地，它们使人变得渺小、懦弱、贪图享乐——有了自由主义制度，群居动物每次都会取得胜利。自由主义，用德语说，就是使（人类）畜群动物化……只要还在努力争取这些制度，它们就会产生完全不同的影响；事实上，它们会以一种强有力的方式促进自由。仔细观察，是战争带来了这些影响，为自由主义制度而战，作为战争，它让非自由主义本能得到延续。战争在培育自由。何为自由？就是拥有对自己负责的意志，紧守将我们彼此分离的间距。对劳累、困苦、匮乏，甚至对生命，变得更加漠然。准备好为自己的事业牺牲他人，也牺牲自己。自由意味着，男性的，即好战和好胜的本能支配其他的本能，例如“幸福”的本能。成为自由的人，更不用说拥有自由的精神，将小商贩、基督徒、母牛、女人、英国人和其他民主人士所梦想的那种可鄙的幸福踩在脚下。自由人是战士。在个人和民族中，衡量自由的标准是什么？根据必须克服的阻力，根据为保持在上之地位而付出的辛劳。我们必须在不断克服最大阻力的地方，寻找最高类型的自由人：离暴政仅五步之遥，紧靠被奴役之危险的门槛。这在心理学上是正确的，如果我们把这里的“暴君”理解为不可阻挡的、可怕的本能，要求用最大的权威和自律来与之抗衡——尤利乌斯·恺撒是最好的典范；这在政治上也是正确的，人们只要回顾一下历史。那些曾经有价值的民族，那些变得有价值的民族，从来不是在自由主义体制下成就自身：巨大的危险在这些民族中造就出某些值得敬畏之物，危险首先教会我们去认识我们所掌握的手段、我们的德性、我们的防御和武器、我们的精神——它迫使我们强大……第一原则：一个人必须有强大的需要；否则，他永远不会变得坚强。那些伟大的温室，培育有史以来强大且最强大的人种，罗马和威尼斯式的贵族社会，正是在我理解“自由”一词的意义上理解自由的：把它看作人拥有和不拥有之物，渴望和征服之物……

39

对现代性的批判。——我们的机构已经毫无用处：对此人们意见一致。但责任不在他们，而在我们。我们已经失去了所有的本能，而机构正是从这些本能中成长起来的，因此我们也就完全地失去了机构，因为我们不再适合它们。民主主义始终是组织力量衰退的形式：在《人性的，太人性的》第一卷第318节中，我已经把所有现代民主和其半成品，如“德意志帝国”，描述为国家的衰落形式。为了使机构得以存在，必须有某种意志、本能、命令，其反自由主义到了恶毒的程度；必须有对传统、权威、未来几个世纪的责任心、前后无限之世代相连的团结的意志。一旦拥有这种意志，就会建立起像罗马帝国（imperium Romanum）那样的事物；或者像俄国，这是今天体内拥有耐力，能够等待，能够做出承诺的唯一的政权——俄国，是可悲的欧洲小国和神经质的对立面，随着德意志帝国的建立，这种神经质已经达到了危急状态……整个西方不再拥有那些产生机构、产生未来的本能：也许没有什么比这种本能更违反其“现代精神”了。人们活在当下，活得非常快捷——人们活得非常不负责任：这正是人们所谓的“自由”。将机构造就成机构的东西，遭到鄙视、憎恨、拒绝：只要有人大声说出“权威”这个词，人们就会认为自己面临一种新的被奴役的危险。这就是我们的政治家和政党，其价值本能的颓废程度：他们本能地偏爱那些使之瓦解、加速终结的事物……一个证据是现代婚姻。显然，现代婚姻已经失去了所有理性：但这不是指向婚姻的抗议，而是针对现代性。婚姻的理性——基于男性在法律上的单独负责：这就是婚姻的重心，而今天它却双脚跛行。婚姻的理性——基于其在原则上的不可分割性：由此它获得了一种重音，面对种种感觉、激情和瞬间的偶然性，它知道如何让自己被倾听。同样，它还在于家庭对选择配偶的责任。随着人们对爱情、婚姻的日益放纵，人们几乎清除了婚姻的基础，即那些首先使婚姻成为一种机构的东西。一个机构从来都不会建立在一种特异反应的基础上，如前所说，婚姻不是建立在“爱情”上——而是建立在性欲、财产欲（女人和孩子都是财产）、支配欲的基础上，这种支配欲不断地组织其支配的最小单位，家庭，它还需要孩子和继承人，以便在生理层面上保持一定的权力、影响和财富，以便为长期的任务、几个世纪之间的本能的团结做准备。婚姻作为一种机构，已经包含了最伟大、最持久的组织形式的认证：如果社会本身不能作为一个整体为自身担保，直到最遥远的世代，那么婚姻就没有任何意义。——现代婚姻失去了意义，因此人们将之废除。

40

工人问题。——愚昧，从根本上说，本能的退化是今天所有愚昧之源，工人问题的出现就是这种退化的体现。本能的第一命令：对一些事情不去发问。——人们已经把欧洲的工人变成了一个问题，但我完全看不出人们想对此做什么。他们的情况已经相当好，无需一步步地提出更多的问题，无需再不知足地提出问题。毕竟，他们是多数人。一种淳朴知足的人、中国式的人本会形成一个阶级，如今这种希望完全破灭了。这本来是合理的，而且原本恰恰是必须的。人们做了什么？——做了一切，为了把这种发展的先决条件扼杀在萌芽状态，人们以最不负责任的漫不经心，摧毁了本能的基础，而正是基于这种本能，工人才可能成为一个阶级，才可能成为自身。人们使工人获得军事本领，赋予他们组织工会和政治投票的权利：因此工人已经感到，自己的存在如今是一种危机状态（从道德上讲是不公正状态——），这又有什么奇怪？但我再问一次，人想要什么？如果想要达到一个目的，那么也必须想要手段：如果一个人想拥有奴隶，却将这些人教育成了主人，那么这个人就是傻瓜。

41

“自由，我指的并不是……”在如今这样的时代，放任自己的本能，更是一种灾难。本能之间相互矛盾，相互干扰和破坏；我已经把现代性定义为一种生理上的自相矛盾。教育中的理性想导致这些本能系统中至少有一个会瘫痪，在一种铁一般的压力之下，以便允许另一个系统获得力量，变得强大，成为主导。今天，我们必须通过削减个体，才使个体成为可能：可能，意味着整体……发生的情况却恰恰相反：对独立、自由发展、放任（laisser aller）的要求，恰恰是由那些没有经受任何过于严厉束缚的人激烈地提出——政治上如此，艺术上也一样。但这是一种颓废的症状：我们现代的“自由”概念，是本能退化的另一个证据。

42

哪里亟须信仰。——在道德家和圣人之中，没有什么比诚信更罕见；也许他们在说反话，也许他们本人信以为真。如果信仰比有意识的虚伪更有用、更有效、更有说服力，那么出于本能，虚伪就会立刻变成无辜：这是理解伟大圣人的第一原则。哲学家也是另一种圣人，对他们的整个手艺来说，他们只允许某种类型的真理，即那些使他们的手艺获得公众认可的真理——用康德的话来说，实践理性的真理。他们知道，他们必须证明什么，在这一点上，他们是务实的——他们在“真理”上意见一致，他们凭借这一点彼此相认。“你不应当说谎”——用通俗的话说：小心提防，我的哲学家先生，不要说出真理……

43

说给保守人士听。——人们以前不知道，今天知道或者可以知道的事——在任何意义、任何程度上的退化、逆转，都是绝不可能的，至少我们生理学家知道。但所有的教士和道德家都相信这点——他们想把人类送回到过去、扭转到早期的道德规范上。道德曾经是一张普洛克路斯忒斯之床[1]。甚至政治家们也在这一点上模仿了德性传教士：即使在今天也有一些政党，他们的梦想和目标是让一切都变成螃蟹式行走。但没有人可以随意地做一只螃蟹。无济于事：人们必须前进，也就是说，一步一步地继续陷入颓废（——这就是我对现代“进步”的定义……）。人们可以阻碍这种发展，通过阻碍，退化得以累积、聚集，来得便更猛烈、更突然：除此之外，人们什么都做不到。

44

我的天才概念。——伟大的人，就像伟大的时代，是一种爆炸物，其中积聚着巨大力量；他们赖以形成的前提条件始终是，历史和生理上已经长时间汇集、累积、储存和保留着力量——已经在很长一段时间里没有发生爆炸。如果张力的强度过大，那么最偶然的刺激就足以把“天才”、“功业”、伟大的命运唤入世界。这同环境、时代、“时代精神”或“公众舆论”有何相干！以拿破仑为例，大革命时期的法国，哪怕是革命前的法国，都可以产生与拿破仑格格不入的类型，但

1 普洛克路斯忒斯是古希腊神话中的一个强盗。普洛克路斯忒斯之床 (Procrustean bed) 按其形象意义，意指“削足适履”“强求一律”这样的说法。

也产生了他。因为拿破仑是另类，相较于法国的蒸汽与戏剧中的文明，他是一种更强大、更久远、更古老文明的继承者，他成了那里的主人，他是那里唯一的主人。伟大的人物是必然的，产生他们的时代是偶然的；他们几乎总是成为这一时代的主人，原因仅在于，他们更强大、更古老，积蓄得更长久。天才与他的时代之间存在一种关系，如同强者与弱者，或者说老者与少者之间的关系：时代总是相对来说更年轻、更单薄、更不成熟、更不稳定、更幼稚。——今天，法国人对这些问题的看法非常不同（德国人亦如此，但这无关紧要），在那里，环境理论——一种真正的神经病人的理论——已经变得神圣不可侵犯，几乎成为科学，甚至在生理学家中也有其信徒。这“闻起来不适”，令人感到悲伤。——在英国，人们的理解也无不同，但没有人为此苦恼。对于英国人来说，容忍天才和“伟人”只有两条路可走：要么以巴克尔式民主的方式，要么以卡莱尔式宗教的方式。——蕴藏在伟人和伟大时代中的危险是非同寻常的；各种衰竭和贫瘠紧随其后。伟人是一个终点；伟大的时代，如文艺复兴，是一个终点。天才——在创作和行动上——必然是一个挥霍无度者：消耗殆尽，正是他的伟大之处……自我保护的本能仿佛被中止了；涌现而出的力量，其巨大压力禁止了天才任何的小心和谨慎。人们称之为“牺牲”；人们赞扬天才的“英雄主义”，他对自己的利益漠不关心，献身于一种理念、一件伟大的事业、一个祖国：一切都是误解……它汹涌而出，泛滥无度，耗尽自己，损伤自己——致命的、灾难性的、非自愿的，就像河流不由自主地冲破堤岸。但是，由于人们对这些爆炸物有太多要感谢的，所以人们也回赠了许多礼物，例如，一种更高尚的道德……因为这就是人类感恩的方式：他们误解他们的恩人。

45

罪犯及其近亲。——罪犯属于不利条件下强者这一类型，是一种患病的强者。他不够野性，缺乏某种更自由、更危险的天性和生存方式，在其中，强者的一切进攻和防御的本能，都有权利存在。他的诸德性被社会拒斥；他与生俱来最活跃的冲动只要一出现，就立刻与压抑的情绪，如猜疑、恐惧、耻辱等纠结在一起。但这几乎是造成生理退化的处方。任何人，如果不得不秘密地做他最擅长、最喜欢的事，不得不长久身处紧张、谨慎、狡诈状态，就会变得贫血；由于他总是从自己的本能中获得危险、迫害和灾难之感，以致他的感情也转而反对这些本能了——他感到它们是宿命的。这就是我们那驯化的、平庸的、被阉割的社会，在这个社会中，一个来自山区或航海冒险的自然之人，必然会堕落成罪犯，或者说几乎是必然的，因为有些情况下，这样的人会去证明自己比社会更强大：科西嘉人拿破仑是最著名的案例。对于我们这里面临的问题，陀思妥耶夫斯基的证词具有深意——顺便说一下，陀思妥耶夫斯基是唯一一位我可以从他身上学到东西的心理学家，他是我生命中最美妙的幸运，甚至超过发现司汤达。这个深沉的人，有十倍的权利蔑视肤浅的德国人，他曾长期生活在西伯利亚的囚犯中间，这些是不可能重返社会的、真正的重刑犯。他们给他留下的印象完全不同于他原本的期待——他们大约是用俄罗斯土地上生长得最好、最坚硬、最宝贵的木材雕刻而成。让我们把罪犯的情况普遍化：让我们思考一下那类天性的人物，由于某种原因被剥夺了公众的认可，他们知道自己不被视为有益和有利的——他们有一种贱民感，感到自己不被视为平等的，而是受排斥的、没有尊严的、造成污染的。所有这些天性，在他们的思想和行为中都有一种地下生活者的色彩；相较于那些受到阳光照耀的存在，他们身上的一切都显得更加苍白。然而，今天我们所赞美的几乎所有的存在形式，都曾经生活在这种半是坟墓的氛围中：科学界人士、艺术家、天才、无神论者、演员、商人、伟大的探险家……只要教士被视作最高的类型，那么每种有价值的人都被贬低了……这个时代即将到来——我预言——届时教士将被视为最低贱者，作为我们的贱民，作为最狡诈、最不体面的那种人……请你们注意这样一个事实：即使在今天，在地球上——至少在欧洲——处于有史以来最温和的道德制度下，每种偏差，每种长久的、过于长久的潜伏，每种不同寻常、不透明的存在形式，都接近于罪犯身上所完善的类型。所有精神革新者的额头上曾经印有贱民那惨白和宿命的标志：不是因为他们被如此看待，而是因为他们自己感觉到，那将他们与一切传统和身处荣誉之人分开的可怕鸿沟。几乎所有天才都认识到，他们的发展阶段之一是“卡提利那[1]式的存在”，对一切业已存在和不再生成之物的憎恨、报复和反抗的情感……卡提利那——恺撒的前存在形式。

46

这里视野开阔。——倘若一个哲学家沉默，可能是灵魂的升华；倘若一个哲学家自相矛盾，可能是爱；说谎可能是认知者的一种礼貌。有人不无含蓄地说过：对于伟大心灵来说，不值得去分享他们所感受到的痛苦（il est indigne des grands coeurs de répandre le trouble qu'ils ressentent）。不过必须补充一点，面对最可耻之事而毫无畏惧，同样可以是心灵的伟大。一个“爱”着的女人，牺牲了她的贞操；一个

1 卡提利那（Lucius Sergius Catilina，约公元前108—前62年）。罗马军官，在公元前63年组织了一次重大的颠覆活动。

“爱”着的认知者，或许牺牲了他的人性；一个“爱”着的上帝，成为了犹太人……

47

美不是偶然。——即使是一个种族或家族的美，它们所有举止中的魅力和优雅，是通过努力获得的。如同天才一样，美是几代人积淀下来的最终成果。一个人必须为良好品位做出巨大牺牲，他必须为此做许多事，并放弃许多事——17 世纪的法国在这两方面都令人赞叹不已。一个人必须把良好品位作为原则，来选择社交、住地、衣着、性满足；相较于利益、习俗、意见、懒散，人必须更看重美。最高准绳：即使是一人独处时，也不能“放任自流”。——美好的事物都是非同寻常地昂贵，而且有一条不变的规律：拥有它们的人与赚取它们的人不是同一人。一切财产都是继承的，非继承的财产，是不完美的，只是开端……在西塞罗时代的雅典，成年男子和青年的美貌远远超过了女人，西塞罗对此表示惊讶。然而，几个世纪以来，男性曾为了美付出多少努力和艰辛！——人们不应当误解这里的方法：仅仅培育感情和思想近乎无用（——这是德国式教育中的巨大误区，它完全是虚幻的），人们必须首先说服身体。严格保持卓越、讲究的举止，约束自己，只同不“放任自流”的人一起生活，这已完全足够让人变得卓越和讲究：在两三代人的时间里，一切都已经内化。对于一个民族和人类的命运具有决定性意义的是，从正确的位置开始有文化——不是从“灵魂”开始（这是教士和半教士们的灾难性迷信）：正确的位置是肉身、举止、饮食、生理学，其余的随之产生……因此希腊人的创造始终是历史上第一个文化事件——他们知道，他们在做必须做的事。蔑视肉身的基督教，是人类迄今为止最大的不幸。

48

我理解的进步。——我也谈论“回归自然”，虽然它实际上不是倒退，而是一种上升——上升到崇高、自由，甚至可怕的自然和天性中。这是一种戏弄的天性，一种被允许戏弄伟大使命的天性……用一个比喻来表达：拿破仑是一部“回归自然”的作品，正如我所理解的那样（例如在战术上，更在战略上，正如军事家所知）。可是卢梭——他究竟想回归到何处？卢梭，这个最早的现代人，集理想主义者和恶棍（canaille）于一身之人；他需要道德上的“尊严”，以忍受自身的现状；患有无节制的虚荣和无节制的自我厌恶。这个在新时代门槛上安营扎寨的怪胎，也想“回归自然”——我再问一次，卢梭想回归何处？——我甚至在大革命中也讨厌卢梭，这是理想主义者和恶棍之双重性在世界史上的体现。这场革命所上演的血腥闹剧，它的“不道德”，均与我无多大干系：我所憎恨的，是卢梭式的道德——那所谓的革命的“真理”，借助它们，卢梭的道德学说仍然在发挥影响，并说服所有浅薄者和平庸者相信它。平等的学说！…… 然而没有比这更毒的毒药了，因为它看上去是正义在宣扬自身，而实际上是正义的终结……“以平等对平等者，以不平等对不平等者——这才是真正的正义之声。结论是，永远不要让不平等者变得平等。”——这种平等学说被恐怖和血腥所包围，这一事实赋予这种卓越的“现代理念”以某种荣耀和火光，以至于革命作为一种景观，甚至诱惑了那些最高尚的精神。但这终究不是尊重它的理由。——我只看到一个人，对它感到厌恶，如同它必须被如此感知的那样——歌德……

49

歌德——不是一个德国事件，而是一个欧洲事件：通过回归自然，通过上升至文艺复兴的质朴，来克服 18 世纪的伟大尝试，是该世纪的一种自我克服。——他身上带有该世纪最强烈的本能：多愁善感、崇拜自然、反历史、理想主义、非现实和革命（——革命只是非现实的一种形式）。他借助历史、自然科学、古希腊罗马、斯宾诺莎，以及最重要的实践活动；他用各种封闭的视域圈住自己，他没有脱离生活，而是投身其中；他毫不气馁，而是尽可能多地接受、承担、吸收。他想要的是整体性；他反对理性、感性、情感和意志的分离（——歌德的对立面，康德，以最可怕的经院哲学来宣扬这种分离）；他把自己训练为整体，他创造了自身……歌德，置身于一个不切实际的时代中，是一个坚定的现实主义者：他肯定一切同他在这点上相似的事物，——他拥有过的最伟大的经验，莫过于那位最实在者（ens realissimum），即拿破仑。歌德设想了一个强壮的人，有很高修养，体态动作灵巧，有自制力和自尊心，他允许自己勇敢接受自然的全部领域和财富，对于这种自由他足够强大；一个宽容的人，不是出于软弱，而是出于强大，因为他懂得如何利用事物，甚至是那些会导致平庸者毁灭的事物；这样一个人，除了软弱之外，再无其他禁忌，无论它被称为罪恶还是美德……这样一种获得了自由的精神，带着快乐和信赖的宿命论站在宇宙之中，怀抱一种信念，即唯有个体是值得谴责的，而在整体中一切都会得到自我救赎和肯定——这样一种精神不再否定……然而，这样一种信仰，是所有可能的信仰中最高等的：我已经用狄俄尼索斯之名为它举行了洗礼。

50

可以说，在某种意义上，19 世纪追求的一切，也是歌德作为个人所追求的：普遍的理解和赞同，接受任何事物的靠近，大胆的实在论，对一切事实的敬畏。何以最后的结果不是歌德似的，而是一种混乱，一种虚无主义的叹息，一种不知所措，一种在实践中不断驱使人们回溯 18 世纪的疲惫本能（——例如，情感的浪漫主义、利他主义和极端多愁善感，鉴赏趣味中的女性主义，政治中的社会主义），这究竟为什么？19 世纪，尤其是在它的末期，不正是一个强化的、野蛮化的 18 世纪，也即一个颓废的世纪吗？因此，不仅对德国，而且对整个欧洲来说，歌德只是一个意外，一场美丽的徒劳？——但是，倘若人们从公共利益的可怜角度来看待伟人，就会误解他们。人们不知道如何从他们身上获利，或许这本身就是他们的伟大所在……

51

歌德是让我肃然起敬的最后一位德国人。他感受到了我所感受到的三件事，就算是对于“十字架”，我们也相互理解……时常有人问我，为什么要用德语写作，因为在任何地方，对我的阅读都不会像在祖国那样糟糕。但最终谁知道，我是否还希望在今天被人阅读？——创造岁月无法侵蚀的事物，在形式上和实质上，争取一点不朽——我从未谦虚到对自己要求更低。箴言和警句是“永恒”的形式，我在这方面是德国人中的首席大师；我的抱负是，在十句话中说出别人在一本书中所说的——别人用一本书也没说出的东西……

我已经给予了人类他们所拥有的最深刻的书，我的《查拉图斯特拉如是说》，不久后，我将给予他们那本最独立的书。

我感谢古人什么

1

最后，我想谈一谈我一直在寻求进入的那个世界，我可能已经找到了一个新的通道——古代世界。我的品位，也许与宽容的品位正相反，即使在涉及古人的时候，我也绝不会全盘肯定：它根本不喜欢说“是”，它宁愿说“不”，而且它最喜欢一言不发……这适用于整个文化，适用于书籍——也适用于地方和风景。归根结底，在我的生活中，只有极少数古代书籍是有意义的；最著名的书不在其中。我对风格的感受力，对作为一种风格的警句诗的感受力，几乎是在我接触到萨鲁斯特[1]

1　萨鲁斯特（Gaius Sallustius Crispus, 公元前 86—前 35）：罗马作家和历史学家。

时瞬间觉醒的。我没有忘记我尊敬的老师科森[1]的惊讶之情，当他不得不给他最差的拉丁文学生打出最高分时——我已经一击即中了。简洁、严谨、以尽可能多的内容为基础，对“华丽辞藻”和“华丽感觉”有一种冷酷的恶意——我在其中辨认出自己。在我身上，甚至在我的《查拉图斯特拉如是说》中，人们会发现我对罗马风格有一种非常认真的追求，即对风格中“比青铜更加不朽”（aere perennius）的追求。我第一次接触贺拉斯时，也是如此。迄今为止，我未曾从任何一位诗人那里获得过如此多的艺术愉悦，就像贺拉斯的颂歌一开始便赋予我的那样。在某些语言中，这里所达到的效果，甚至是不可企求的。文字的马赛克，每个词都作为声音、位置、概念，左顾右盼、向整体倾泻它的力量，在符号的范围和数量上最小化，以这种方式实现符号能量的最大化——这一切都是罗马式的，如果人们愿意相信我的话，这一切是最为高贵的。与此相比，所有其余的诗句都是过于流俗的东西——只是情绪的喋喋不休……

2

对于希腊人，我完全没有过类似的强烈印象；而且，直

1　科森（Wilhelm Corssen, 1820—1875）：语文学家。

截了当地说，他们对我们来说，不可能像罗马人一样。人们不向希腊人学习——他们的方式过于陌生，也过于流动，无法产生强制和“经典”效果。谁曾经从希腊人那里学会写作呢！如果没有罗马人，谁又能学会写作！……请不要用柏拉图来反驳我。关于柏拉图，我从根本上说是一名怀疑论者，而且我始终无法加入对艺术大师（Artist）柏拉图的崇拜，尽管这在学者中是传统。在这方面，古人中最挑剔的鉴赏家毕竟站在我这一边。在我看来，柏拉图把所有的风格形式都混合在一起，因此他是第一个风格颓废者：在他的良知中有类似于犬儒学派所拥有的东西，后者发明了迈尼普斯讽刺（satura Menippea）[1]。柏拉图的对话，这种令人厌恶的自负和幼稚的辩证法，为了使它能显示魅力，人们必须从未读过像丰特内勒[2]这样优秀的法国作家的作品。柏拉图是枯燥无味的。——归根结底，我对柏拉图的不信任是直抵深处的：我发现，他如此背离希腊人的所有基本本能，如此过度道德化，如此作为先于时代的基督徒——他已经把“善”当成了至高的概念——所以对于整个柏拉图现象，我宁愿使用“高级欺诈”这样严厉的说法，或者，如果人们觉得更好听的话，理想主义——比任何其他说法都更合适。

1　犬儒主义者迈尼普斯（Menippos von Gadara，前 3 世纪）发明了这种体裁，它以幽默的方式表达哲学观点，混合了诗句和散文。

2　丰特内勒(Bernard Le Bovier de Fontenelle，1657—1757)：多才多艺的法国作家，在文学上的“古今之争”中站在“现代人”一边，攻击古希腊及其在法国的模仿者。

这个雅典人曾与埃及人（——或者在埃及的犹太人？……）一起上学，人们为此付出了沉重代价。在基督教的巨大灾难中，柏拉图是被称为“理想”的双关语和魅惑力，它使古代的高贵天性有可能误解自身，踏上通往“十字架”的桥……而在“教会”这个概念中，在教会的结构、系统和实践中，还有多少柏拉图！对于一切柏拉图主义，我的放松，我的偏好，我的治疗，一直是修昔底德式的。修昔底德，也许还有马基雅维利的《君主论》，与我自身最为亲近，由于他们的绝对意志，毫不自欺，在现实之中看到理性——而不是在“理性”中，更不是在“道德”中……“受过古典教育”的年轻人，经受中学的训练后进入生活，获得的回报便是希腊人对理想的可悲粉饰，没有什么比修昔底德更能从根本上治愈这种粉饰。人们必须逐行翻阅修昔底德的著作，像读他的文字那样清晰地读懂他的隐含意义：很少有思想家的隐含意义如此丰富。智者派文化，也就是实在论者文化，在他身上得到了完美的体现：这种无比宝贵的运动，正处在苏格拉底学派的道德和理想骗局四处爆发之时。希腊哲学是希腊人本能的颓废；修昔底德是古希腊人本能中那种强大、严格、硬朗的事实性的最终显现和伟大总结。归根结底，面对现实的勇气区分了修昔底德和柏拉图这样的天性：柏拉图在现实面前是个懦夫——所以他遁入理想；修昔底德能控制自己，所以他也能控制事物……

3

在希腊人身上嗅到了“美丽的灵魂”“黄金平衡点”和其他完美属性，例如在他们身上欣赏到伟大的静穆、理想的性情、高贵的单纯——我内在的心理学家将我保护起来，避免了这种“高贵的单纯”，那最终是一种德国式的愚蠢（niaiserie allemande）。我看到了他们最强烈的本能，即权力意志；我看到他们在这股无边的暴力冲动面前颤抖——我看到，从保护措施中诞生出他们全部的机构，以便在面对彼此的内在爆炸物时保障彼此安全。然后，巨大的内部张力在可怕、无情的敌意中向外释放：城邦之间互相撕扯，以便城邦内的公民或许可以找到自身的安宁。人必须强大；危险近在咫尺，它埋伏在各处。希腊人矫健柔韧的身体，大胆的实在论和非道德主义，曾是一种需要，而不是他们的“天性”。这只是一个结果，而非开始就存在。通过节日和艺术，他们只想让自己感到优越，只想展示自己的优越：这些都是自我美化的手段，在某些情况下，也是自我恐吓的手段……以德国人方式判断希腊人，也即通过他们的哲学家，例如苏格拉底学派的伪善，去阐明什么是希腊人的本质！……毕竟，哲学家是希腊世界的颓废者，是针对古老、高贵品位的反叛运动（——反对战斗本能，反对城邦，反对种族的价值，反对传统的权威）。苏格拉底的德性受到宣扬，因为希腊人已经失去了它们：他们都是敏感、胆怯、反复无常的戏子，他们有太多的理由去接受道德宣讲。并不是说这会有什么帮助，但宏大的词语和态度非常适合颓废者……

4

为了理解古老的、依然丰盈乃至泛滥的希腊人的本能，而认真对待那个名为狄俄尼索斯的奇妙现象，我是第一人。这一现象只能用力量的过剩来解释。任何研究希腊的人——例如对其文化有深入研究的当世鉴赏家，巴塞尔的雅各布·布克哈特（Jacob Burckhard）——都会立刻明白，在这一点上已经取得了一些成果：在布克哈特的《希腊人的文明》中专门有一节介绍这一现象。如果想看到相反的情况，就应该看看德国语言学家们在接近狄俄尼索斯时，他们那近乎可笑的本能匮乏。尤其是著名的洛贝克[1]，他以一种在书本间风干的蠹虫之可敬的自信心，爬进了这个谜团的世界，并使自己相信，令人作呕的轻浮和幼稚使他成为科学家——洛贝克以其全部的博学向人展示，所有这些奇闻逸事其实毫无意义。当然，教士们可能已经

1 洛贝克（Christian August Lobeck, 1781—1860），德国古典语文学家。

向这些狂欢的参与者传达了一些并非毫无价值的东西，例如，葡萄酒激发欲望，人在某些情况下依靠果实生存，植物在春天开花，在秋天凋谢。至于狂欢之起源的大量仪式、象征和神话，其令人惊讶的丰富确实在古代世界泛滥，洛贝克在这里找到了机会，令自己的才智更上一层楼。“希腊人，”他说，“当他们无事可做时，就大笑、跳跃、四处奔跑，或者——由于人们有时也有这种欲望——坐下来，哭泣和哀号。其他人随后过来，并为这种不同寻常的活动寻找理由；于是，作为对这些习俗的解释，出现了无数传说和神话。另一方面人们相信，在节日里发生的这种滑稽行为，也必然属于节日庆典，并把它作为祭拜形式中不可缺少的部分留存下来。”（Aglaophamus 第I卷，第 672 页）——这是卑鄙的胡言乱语，人们一刻也不能把这位洛贝克当真。当我们检验温克尔曼和歌德所发展的“希腊”概念时，我们的感受截然不同，因为它与产生狄俄尼索斯式艺术的那些因素——纵欲狂欢——互不相容。事实上我毫不怀疑，歌德原则上会在希腊灵魂的可能性中排除这类东西。因此，歌德并不理解希腊人。因为，只有在狄俄尼索斯的神秘仪式中，在狄俄尼索斯状态的心理中，希腊人本能的根本事实——其“生命意志”——才表现出来。希腊人在这些神秘仪式中获得了什么？永恒的生命，生命的永恒轮回；过去预告、供奉了未来；对于超越死亡和变化的生命，给予胜利的肯定；真正的生命是整体的存续，通过生殖，通过性的神秘仪式。因此，对希腊人来说，性的象征就是庄严的象征自身，是全部古代虔敬中的真正深意。交配、怀孕和分娩行为的每一个元素都唤起了最崇高和最庄严的感情。在神秘的教义中，疼痛被宣称为神圣的；“产妇的阵痛”使疼痛在总体上被神圣化——所有的生成和生长，所有未来的证明都取决于疼痛……为了实现创造的永恒喜悦，为了使生命的意志永远肯定自身，也必须有永恒的“产妇的阵痛”……狄俄尼索斯这个词表示了这一切：除了这个希腊的即狄俄尼索斯的象征符号，我不知道还有什么更高的象征符号。在其中，生命最深层的本能、对生命未来的本能、对生命永恒的本能，得到了宗教性的体验——这正是通往生命的道路，生殖作为神圣的道路……只有基督教，基于它针对生命的怨恨，把性变成了某种不洁之物：它把污秽之物泼到了开端上，泼到了我们生命的先决条件上……

5

纵欲狂欢心理是生命和力量漫溢的一种感觉，痛苦在其中是一种兴奋剂，并赋予我理解悲剧性情感的钥匙，而这种情感被亚里士多德，尤其被我们的悲观主义者误解了。悲剧远没有为叔本华意义上的希腊人的悲观主义提供任何证据，相反，它必须被当作是对悲观主义的决定性拒绝和反证。对生命的首肯，甚至在其最奇怪和最严酷的问题上；生命意志，通过牺牲其最高的类型来庆祝其自身的不可枯竭——这就是我所谓的狄俄尼索斯，这就是我发现的通往悲剧诗人心理学的桥梁。不是为了从恐怖和怜悯中解脱出来，不是为了通过激烈的释放，来净化自己的危险情绪——亚里士多德就是这么理解——相反，是为了超越恐怖和怜悯，成为自身之永恒生成的喜悦，这种喜悦本身也包括对毁灭的喜悦……因此，我再次触及我的出发点——《悲剧的诞生》是我对一切价值的首次重估；因此，我重新站在培育了我的意愿、能力的土地上——我，哲学家狄俄尼索斯最后的信徒——我，永恒轮回的导师……

锤子说话

《查拉图斯特拉如是说》(第 3 卷，第 90 页[1])

为何如此坚硬！——厨房里的煤块曾经对钻石说。难道我们不是近亲？

为何如此软弱？我的兄弟们，我如是问你们：你们难道不是——我的兄弟们？

为什么如此柔软，如此屈服和顺从？你们心中为何有那么多否定和否认？你们的目光中为何如此缺乏命运？

倘若你们不愿意成为命运和坚定的无情者，怎么能有朝一日同我一起——取胜？

倘若你们的硬度不足以闪光、切割和切碎：怎么能有朝一日和我一起——创造？

因为所有创造者都是坚硬的。对你们来说一定是极乐，把你们的手按在千年之上，犹如按在蜡上——

1 摘自尼采的《查拉图斯特拉如是说》第三部中的《古老的法版和新的法版》第 29 节，此处尼采标注的是德文初版页码。——编者注这一定是极乐，在千年的意志上书写，犹如写在青铜上——比青铜更硬，比青铜更高贵。只有最高贵者，才是完全坚硬。

我的弟兄们啊，这新的律法表，我置于你们之上：变得坚硬吧！

偶像的黄昏

作者 _ [德] 弗里德里希 · 尼采　译者 _ 王一力　王涌

编辑 _ 黄迪音　装帧设计 _ 于欣　主管 _ 李佳婕
技术编辑 _ 顾逸飞　责任印制 _ 杨景依　出品人 _ 许文婷

果麦
www.goldmye.com

以 微 小 的 力 量 推 动 文 明

图书在版编目（CIP）数据

偶像的黄昏 / （德）弗里德里希·尼采著 ； 王一力，王涌译. -- 上海 ： 上海文化出版社，2025.8. -- ISBN 978-7-5535-3244-8

Ⅰ. B516.47

中国国家版本馆CIP数据核字第2025N6K112号

出 版 人：姜逸青
责任编辑：郑　梅
特约编辑：黄迪音
装帧设计：于　欣

书　　名：偶像的黄昏
作　　者：［德］弗里德里希·尼采
译　　者：王一力　王　涌
出　　版：上海世纪出版集团　上海文化出版社
地　　址：上海市闵行区号景路 159 弄 A 座 2 楼　201101
发　　行：果麦文化传媒股份有限公司
印　　刷：北京盛通印刷股份有限公司
开　　本：880mm×1230mm　1/32
印　　张：4.25
插　　页：4
字　　数：70 千字
印　　次：2025 年 8 月第 1 版　2025 年 8 月第 1 次印刷
印　　数：1-6,000
书　　号：ISBN 978-7-5535-3244-8 / B.032
定　　价：29.80 元